HUICHUNGONG

DAS VERJÜNGUNGS-QIGONG

Mok Chong Meng und Shen Xin Yan

HUICHUNGONG
DAS VERJÜNGUNGS-QIGONG

Die erste Stufe
der Stehenden Methode

Übersetzung aus dem Chinesischen
von Frau Bing Luo-Eichhorn

Bearbeitet und herausgegeben
von Uwe Eichhorn

LOTUS PRESS

Das vorliegende Buch ist sorgfältig erarbeitet worden. Dennoch erfolgen alle Angaben ohne Gewähr. Weder Autoren noch Verlag können für eventuelle Nachteile oder Schäden, die aus den im Buch gemachten praktischen oder theoretischen Hinweisen resultieren, Haftung übernehmen.

Mok Chong Meng und Shen Xin Yan
Huichungong – Das Verjüngungs-Qigong:
Die erste Stufe der Stehenden Methode

ISBN-13: 978-3-945430-79-8

Inhalt

Vorwort von Frau Mok Chong Meng

Kunst und Wissenschaft kennen keine Staatsgrenzen. Die schönen und wertvollen Wissensschätze dienen allen Menschen auf der Welt. Davon bin ich überzeugt. Beim Thema Heimat neigen die Menschen dazu, emotional zu werden und sich leicht von ihren Gefühlen mitreißen zu lassen. Geboren in Südostasien, lebe ich jetzt in Singapur. Als Überseechinesin habe ich eine emotionale Beziehung zu China und zum *Qigong*. Von anfänglicher Vorliebe bis hin zum späteren Sichwidmen ist *Qigong* für mich nicht nur eine Überzeugung, sondern auch ein Stück Heimat.

Ein bekanntes Gedicht aus der Tang-Dynastie beschreibt es so:

Mondlicht sah ich vor meinem Lager,
mich wundernd, ob nicht Reif am Boden sei.
Ich hob mein Haupt, sah draußen den Bergmond;
Ich senkt mein Haupt, gedenk meiner fernen Heimat.

(Nachtstille,
Übertragung ins Deutsche
von Hans Schiebelhuth,
1895-1944)

Wenn ich von Reif und Heimat lese, male ich mir verschiedene Bilder im Kopf aus, und viele Fragen tauchen auf. Meine Eltern kamen ursprünglich aus China. Von ihnen habe ich vieles über China erfahren. Wenn ich an Heimat denke, werden vor meinem inneren Auge Bilder mit Bergen, Flüssen und Menschen lebendig. Die chinesischen Sitten und Gebräuche übten seit meiner Kindheit Einfluss auf mich aus und prägten sich mir ein. Alles, was China betraf, interessierte mich sehr, ich spürte die Sehnsucht, meine Heimat besser kennenzulernen. Aus diesem Grund hatte ich mich entschlossen, Geschichte an der *Nanyang* Universität in Singapur zu studieren. Während des vierjährigen Studiums habe ich mehr über die chinesische Kultur und Tradition erfahren können.

Ich war immer ein lebhaftes Kind und trieb gerne Sport. Basketball, Tischtennis, Schwimmen und Tanzen gehörten zu meinen Lieblingssportarten. Nach dem Studium habe ich meine Vorliebe für *Qigong* und *Taijiquan* entdeckt. Im Lauf der Zeit habe ich dann das *Huichungong* aus „Schule der vollständigen Wahrheit *Huashan*" kennen und lieben gelernt. Ich hatte das große Glück, Herrn *Shen Xin Yan* (20. Generation), einen Meisterschüler von Herrn *Bian Zhi Zhong* (19. Generation), als Mentor zu haben. Herr *Shen* hat mir die Methode persönlich beigebracht und im Jahr 1993 ernannte er mich zur Nachfolgerin in der 21. Generation.

Vielleicht bin ich unter den vielen *Huichungong*-Schülern besonders mit Glück gesegnet worden. Ich habe nämlich nicht nur Herrn *Bian Zhi Zhong*, sondern auch den Abt *Min Zhi Ting* persönlich kennengelernt. Eine Zeitlang pendelte ich zwischen Singapur und *Beijing*, um privaten Unterricht bei ihm zu nehmen. Herr *Min* hat mir viele wertvolle Hinweise und Vorschläge mit auf den Weg gegeben, sowohl bei bewegten Formen, als auch bei stillen Formen. Dies alles hat mir sehr geholfen, *Huichungong* besser zu verstehen und mich ein Stück weiterzuentwickeln.

In jeder Hinsicht bin ich den *Huichungong*-Vorfahren sehr dankbar.

Für seine Unterstützung in vielen Bereichen möchte ich mich bei meinem Gatten Prof. Dr. *Chong Kee Chew* bedanken. Außerdem geht mein herzlicher Dank auch an alle, die mich auf diesem Weg begleitet haben.

Einführung

Schreibweise chinesischer Begriffe in diesem Buch

Die chinesische Sprache ist eine Silbensprache und wird Silbe für Silbe verschriftet. In diesem Buch werden chinesische Begriffe in der von der Volksrepublik China zur verbindlichen und international gültig erklärten *Pinyin*-Umschrift kursiv geschrieben. Die erste Silbe eines Begriffes wird als Großbuchstabe geschrieben, die folgenden Silben dann als Kleinbuchstabe. Ausnahmen sind Familiennamen, dort werden alle Silben einzeln und am Silbenanfang in Großbuchstaben geschrieben. Begriffe, die sich aus den Silben Yin, Yang und Qi zusammensetzen, werden mit einem Bindestrich verbunden. Ausgenommen von der Transkription sind Eigennamen im Singapur-Dialekt. Wir haben den Namen von Frau *Mok Chong Meng* in der in Singapur üblichen Schreibweise belassen und nicht in der *Pinyin*-Umschrift (*Mok Zhuang Ming*) aufgeführt.

Geschichte und Besonderheiten des *Huichungong*

Der Ursprung des *Huichungong* liegt in den daoistischen Übungen, die eine über 2000 Jahre alte Tradition haben. Vor 800 Jahren ist diese gesundheitspflegende und verjüngende Methode aus der „Schule der vollständigen Wahrheit *Huashan*" (*Huashan* ist ein Berg in Zentralchina) entstanden. Eine Zeitlang wurde diese Methode auch als „Die alte chinesische Methode, um die Gesundheit zu pflegen und das Leben zu verlängern" bezeichnet, die ausschließlich innerhalb der *Huashan*-Schule und am Kaiserhof vermittelt und praktiziert wurde. Erst in den 1980er Jahre haben Meister *Bian Zhi Zhong* und der Abt des Klosters der Weißen Wolken *Min Zhi Ting* - beide in der 19. Generationsnachfolge des *Huichungong* - die Übung für die Öffentlichkeit zugänglich gemacht.

Seitdem hat die Methode viel Anerkennung erfahren und die Anzahl der Praktizierenden nimmt kontinuierlich zu.

Der Abt *Min Zhi Ting* war es, der die Methode sowohl in der Theorie, als auch in der Methodik von stillen und bewegten Formen zur Vollkommenheit gebracht hat. Er verlieh der Methode den offiziellen Namen: „Die Methode der *Huashan-Schule*, um die Gesundheit zu pflegen und die Jugend zurückzuholen", kurz Verjüngungs-*Qigong* (*Huichungong*) genannt.

Abt Min Zhi Ting und Frau Mok Chong Meng

In der 21. Generation ist die legitimierte Vertreterin des *Huichungong* Frau *Mok Chong Meng* aus Singapur. Ihre erste und einzige Meisterschülerin in Deutschland ist Frau Bing Luo-Eichhorn.

Frau Bing Luo-Eichhorn und Frau Mok Chong Meng

Das komplexe System und die Anzahl der einzelnen Übungen im *Huichungong* wurden aus dem Muster auf dem Rücken der göttlichen Schildkröte, die im Fluss *Luo* lebte, abgeleitet.

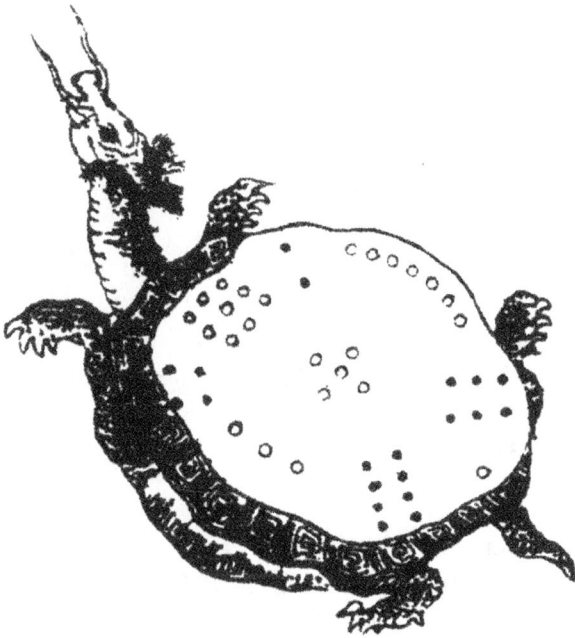

Schildkröte aus dem Fluss Luo

Das *Huichungong*-System besteht aus den neun Methoden

- Stehende Methode
- Liegende Methode
- Sitzende Methode
- Gesichtspflegende Methode
- Kriechende Methode
- Rollende Methode
- Kniende Methode
- Hockende Methode
- *Dandao* Methode (Stille Form)

Im Anhang finden Sie eine Liste mit den Namen der einzelnen Übungen. Die Stehende Methode besteht aus 24 Übungen, die jedoch aus methodisch-didaktischen Gründen in drei Stufen vermittelt werden. Inhalt dieses Buches ist die 1. Stufe der Stehenden Methode.

Huichungong zeichnet sich durch die Pflege und Kultivierung des unteren *Dantian* aus.

Das *Dantian* - übersetzt Zinnoberfeld - ist der Bereich, wo das eigene *Qi* gesammelt und transformiert wird. Im *Huichungong* liegt das untere *Dantian* im Bereich zwischen dem Schambein und dem Akupunkturpunkt *Huiyin* (*Ren*-Leitbahn 1) im Dammbereich.

Im *Huichungong* werden die Funktionen der Hormondrüsen, wie z.B. der Geschlechtsdrüsen und der Nebennierenrinde, durch spezielle Übungen angeregt, um die Essenz (*Jing*) zu stärken. Die Essenz (*Jing*) ist vereinfacht ausgedrückt die Grundlage des menschlichen Lebens.

Eine weitere Besonderheit des *Huichungong* liegt in den intensiven rollenden Bewegungen der Schultern, der Bewegung der Wirbelsäule in alle möglichen Richtungen, dem Pressen der Oberschenkel sowie der Anregung des unteren *Dantian*.

16

Gleichzeitig spielt die Aufmerksamkeitslenkung bzw. positive Erinnerung an die Jugend eine zentrale Rolle.

Da jede *Qigong*-Methode ihre bewegungsspezifischen Besonderheiten hat, möchten wir vorab auf die wesentlichen der *Huichungong*-Methode hinweisen:

- Wenn in der jeweiligen Übung nicht anders beschrieben, stehen die Füße leicht V-förmig, so dass die Fußspitzen etwas nach außen zeigen.

- In den Übungen des *Huichungong* setzen Sie bei einer Schrittbewegung den Fuß zuerst mit den Zehen und dem Fußballen auf den Boden und dann erst die gesamte Sohle. Dies soll das unterer *Dantian* - gemeint ist der Dammbereich mit dem Akupunkturpunkt *Huiyin* - stärken.

- Die Oberschenkel sollen im Schrittbereich eng zusammengehalten werden. Die reibenden, pressenden und massierenden Bewegungen dienen dazu, das untere *Dantian* zu stimulieren.

- Das Schulterkreisen bzw. Schulterrollen: In dieser Bewegung sollen Sie mit der Einatmung die Schultern nach vorne oben heben, um diese dann mit der Ausatmung nach hinten unten wieder sinken zu lassen.

- Wenn es in den Übungen um Entspannung geht, so achten Sie darauf, dies nicht mit Schlaffheit zu verwechseln.

- In der Bauchatmung werden durch die Auf- und Abbewegung des Zwerchfells die Lungenflügel gefüllt. Überwiegend wird bei den Übungen des *Huichungong* die umgekehrte Bauchatmung angewandt. Dabei werden in der Einatmung der Bauch und der Dammbereich (*Huiyin*) leicht angespannt, in der Ausatmung wieder entspannt.

Theorie zum *Huichungong*

Ein gesunder Körper und eine gesunde Seele sind das wertvollste Vermögen des Menschen und das Fundament aller anderen Tätigkeiten im Leben. Folglich sind und bleiben das Streben nach Gesundheit, Jugend und Langlebigkeit die zentralen Themen der Menschen. In der chinesischen Tradition werden alle diesbezüglichen Theorien und Methoden als Gesundheitspflege (*Yangsheng*) bezeichnet. Es existieren über 200 klassische Bücher zum Thema Gesundheitspflege.

Die Gesundheitspflege ist das Zusammenspiel von theoretischem Wissen und praktischer Anwendung. Im Zuge einer jahrtausendelangen Entwicklung hat *Huichungong* sich als eigenständiges System herausgebildet, dessen Inhalt durch folgende Ansichten geprägt ist:

- **Mein Leben (Schicksal) liegt nicht in der Hand des Himmels, sondern in meiner eigenen Hand:** Dieser Satz stammt aus dem klassischen Werk des Daoismus: „Die Einfachheit umfangender Meister" (Der Meister, der die Einfachheit umschließt). Der Autor *Ge Hong* (um 280-340 n. Chr.) war ein Daoist, Alchemist und auf der Suche nach Unsterblichkeit. Die Daoisten sind der Meinung, dass man, wenn man die Gesundheit hoch schätzt und sie auch pflegt, Langlebigkeit erlangen kann. Beim Thema Gesundheit ist es sehr wichtig, Eigeninitiative zu entwickeln.

- **Ganzheitliche Betrachtungsweise der Natur und des Menschen:** Die Daoisten vertreten die Auffassung, dass der Mensch im Einklang mit den Gesetzmäßigkeiten der Natur stehen soll. Von *Lao Zi* (*Daodejing*) stammt der Satz: „Des Menschen Norm ist die Erde. Der Erde Norm ist der Himmel. Des Himmels Norm ist das Wesen. Das Wesen ist Norm an sich." Die Natur ist ein großer Kosmos (Makro-Kosmos) und der menschliche Körper ist ein kleiner Kosmos (Mikro-Kosmos). Der Mensch ist eingebettet in die ihn umgebende Natur und steht in ständiger Wechselbeziehung zu seiner Umwelt. Der Mensch soll sich der Natur anpassen.

• **Geist und Körper vereinen:** Die Daoisten legen größten Wert auf das gleichzeitige Trainieren des Geistes und des Körpers. Von *Lao Zi* (*Daodejing*) wird folgendes erläutert: „ Zeigt Einfachheit, haltet fest an der Lauterkeit; so mindert sich die Selbstsucht, so verringern sich die Begierden." *Wuwei* gilt als das wichtigste Gedankengut des Daoismus und bedeutet soviel wie Nicht-Tun. Damit ist gemeint, dass man Versuche unterlassen soll, die gegen Gesetzmäßigkeiten, gegen den natürlichen Verlauf der Dinge gerichtet sind. Diese zentralen daoistischen Gedanken sollen auch in die Gesundheitspflege einfließen. Nur die enge Verbindung von *Wuwei* und das Trainieren des Körper wie z.B. *Tuna* (Atemübungen) und *Daoyin* (Leiten und Führen) können zu einer besseren Wirkung der Gesundheitspflege führen.

• *Qi* **vereinen, um Sanftheit zu erreichen:** Beim Trainieren des Körpers sollen sich nach Ansichten der Daoisten Sanftheit und Kraft gegenseitig ergänzen, wobei jedoch die Betonung auf der Sanftheit liegt. Sanftheit und Weichheit symbolisieren die Vitalität und den Aufschwung des Lebens, Härte und Steifheit weisen auf eine Abschwächung des Lebens hin. Deswegen spielen die sanften und weichen Bewegungen bei der Gesundheitspflege eine wichtige Rolle.

• **Der Aspekt „*Jing*" steht an erster Stelle:** Nach daoistischer Ansicht sind *Jing* (Essenz), *Qi* und *Shen* (Geist) die drei Schätze des Menschen, welche sich gegenseitig ergänzen. Die Langlebigkeit hängt von der Pflege und dem Trainieren der drei Schätze ab. Unter den drei Schätzen ist *Jing* das Fundament und daher das Wichtigste. *Jing* ist der Ursprung von *Qi* und *Shen*, *Jing* erzeugt *Qi*. *Qi* erzeugt wiederum *Shen*. Die moderne Medizin vertritt die Ansicht, dass die Sekretion der Hormone in einer engen Beziehung zur Gesundheit steht. Die Hormone steuern Wachstum, Entwicklungen und Fortpflanzung und regeln Funktionen wie den Stoffwechsel. Ist das endokrine System geschwächt oder aus dem Gleichgewicht geraten, wird das Altern beschleunigt. Durch Praktizieren von *Huichungong* kann die Produktion der Hormone angeregt und die Funktion des endokrinen Systems gestärkt werden.

- **Äußerliches Trainieren und die ethische Norm werden gleichgestellt:** Nach Ansicht der Daoisten beinhaltet die Gesundheitspflege das äußerliche Trainieren und die ethische Norm. Das körperliche Trainieren soll mit der moralischen Verantwortung kombiniert werden. Der bekannte daoistische Meister *Huo Da Tong* (1149-1212 n. Chr.) von der *Huashan-Schule* hat seine Schüler mehrmals ermutigt, mehr Wohltaten zu leisten.

- **Maßnahmen ergreifen, bevor eine Krankheit ausbricht:** Durch regelmäßiges Trainieren kann *Huichungong* einerseits die physiologischen Funktionen stärken und Gesundheit fördern. Anderseits wirkt *Huichungong* präventiv auf äußere negative Einflüsse. Trainieren und Vorbeugen haben bei den Daoisten die gleiche Bedeutung. Der daoistische Meister *Ge Hong* (um 280-340 n. Chr.) hat in seinem Buch *Baopuzi* (wörtlich: der Meister, der die Einfachheit umschließt) geschrieben: "Bei der Gesundheitspflege soll auf die Feinheiten geachtet werden. Man soll einer Sache trotz ihres geringeren Vorteils nachgehen, und den Schaden nicht wegen seines kleinen Umfangs nicht behandeln."

- **Langfristig und regelmäßig praktizieren:** Nach Ansicht der Daoisten ist die Gesundheitspflege keine kurzfristige oder sporadische Aktion, sondern eine lebenslange Aufgabe. Dabei spielen Ausdauer, Regelmäßigkeit und Fleiß eine wichtige Rolle. Ein häufiger Fehler bei der Gesundheitspflege ist unregelmäßiges, halbherziges Praktizieren und frühzeitiges Aufgeben kurz vor dem Ziel.

- **Ungezwungen und unbeschwert üben:** Die Daoisten der *Huashan-Schule* legen großen Wert darauf, mit einer ungezwungenen und unbeschwerten Einstellung zu praktizieren und sich an die Regeln der Gesundheitspflege zu halten. Nur dann kann eine effektive Wirkung erzielt werden.

- **Ständig vorwärts streben:** Die Daoisten meinen, dass auch die essenziellen und vorzüglichen Teile der daoistischen gesundheitspflegenden Methode weiterentwickelt werden sollen. Im Zug der jahrtausendelangen Praxis und Entwicklung hat *Huichungong* wertvolle Erfahrungen gesammelt und von Generation zu Generation weitergegeben. Jede Generation lässt ihr Wissen einfließen und entwickelt die Methode weiter.

Eigenschaften des *Huichungong*

- **Schöne Erinnerung an die Jugend:** Die Durchführung aller Bewegungen wird von Aufmerksamkeit, nämlich der Erinnerung an die Jugend, begleitet. Diese positiven schönen Vorstellungsbilder sollen alle anderen Gedanken ersetzen. Die Bewegungen, die unter der positiven Aufmerksamkeitsführung durchgeführt werden, können den Verjüngungseffekt begünstigen.

- **Den gesamten Körper in vollem Maße sanft und geschmeidig bewegen:** Die gesamte Methode erfordert eine sanfte und geschmeidige Durchführung auf folgenden drei Ebenen: Gemüt, Körperhaltung und Atemzüge.

- **Kombinierte Atemtechnik (*Tugunaxin*: Altes ausstoßen, Neues aufnehmen):** Das *Huichungong* verlangt eine natürliche, langsame, tiefe und gleichmäßige Atmung. Diese wird durch Bauchatmung, umgekehrter Bauchatmung, Atemstopp sowie die „Sechs Heilenden Laute" ergänzt. Die Anwendung der verschiedenen Atemmethoden wirkt positiv auf die Regu-

21

lation von Körper und Geist. Die Lungen- und Herzfunktion können gestärkt und die Lungenvitalität vergrößert werden. Die langsame, tiefe und gleichmäßige Atmung begünstigt die Ableitung des trüben *Qi* und fördert dadurch den Stoffwechsel.

- **Harmonische Regulierung der inneren Organe (*Zangfu*):** Die Bewegungsausführung orientiert sich an der Beziehung zwischen den Leitbahnen (12 Hauptleitbahnen und 8 Sonderleitbahnen) und den inneren Organen (*Zangfu*). Namentlich sind die sechs *Zang*: Nieren, Milz, Leber, Herz, Lunge und Herzbeutel. Die sechs *Fu* sind: Blase, Magen, Gallenblase, Dünndarm, Dickdarm und Dreifacher Erwärmer. Diese sollten jedoch nicht mit den Organen der westlichen Medizin gleichgesetzt werden. *Zangfu* beschreibt im Rahmen der Traditionellen Chinesischen Medizin ein Organsystem im Sinne von funktionellen Einheiten und Beziehungen untereinander. Darüber hinaus wird auch der Zusammenhang zwischen *Yin* und *Yang*, der Theorie der Fünf Elemente - auch Wandlungsphasen genannt - und der inneren Organe berücksichtigt.

- **Auf natürliche Weise die Leitbahnen durchlässig machen:** Jede einzelne Übung fördert die *Yin-Yang*-Harmonie, aktiviert die Essenz (*Jing*) auf den Drei-Hand-*Yin*-Leitbahnen, Drei-Hand-*Yang*-Leitbahnen, Drei-Fuß-*Yin*-Leitbahnen, Drei-Fuß-*Yang*-Leitbahnen, der *Ren*-Leitbahn, der *Du*-Leitbahn und auf den Nebenleitbahnen.

- **Sehnen und Bänder wandeln. Gelenke, insbesondere die Wirbelsäule, optimal bewegen:** Zahlreiche Bewegungsformen z.B. elastisches Ausschütteln des Körpers, spiralförmige Drehung, sanfte Dehnung, Streckung und Beugung, sowie Bewegungen in tiefer Position werden angewendet. Allein für die Wirbelsäule gibt es über 10 verschiedene Bewegungsformen. Die Übungen wirken sowohl in der Prophylaxe als auch in der Therapie positiv bei Arthritis (Gelenkentzündung), Osteophyten (gutartige Knochenwucherungen) und Osteoporose (Knochenschwund).

- **Geschicktes Trainieren des unteren** *Dantian:* Die speziellen Übungen basieren auf der daoistischen Methode zur Langlebigkeit. Die sogenannten werfenden, pressenden, massierenden, schüttelnden, abdeckenden und schaufelnden Bewegungen sind in die Übungen integriert, um das untere *Dantian* bzw. die Geschlechtsdrüsen anzuregen. Dadurch wird die Regulierung der Geschlechtshormone begünstigt, die Funktion der inneren Sekretion gestärkt. Die speziellen Bewegungen tragen dazu bei, die Produktion des *Jing Qi* anzukurbeln. Dies ist charakteristisch und einzigartig im *Huichungong.* Nach Auffassung der daoistischen *Huashan-Schule* liegt das untere *Dantian* im Dammbereich zwischen Schambein und dem *Huiyin*-Punkt (*Ren*-Leitbahn 1). Laut daoistischer Ansicht ist dieser Bereich der Ursprung von *Jing Qi.*

- **Wechsel zwischen Bewegung und Ruhe:** Das Wechselspiel zwischen Ruhe und Bewegung, *Yin* und *Yang,* findet während der gesamten Übungen statt.

- **Wohlgefühl:** Das *Huichungong* enthält Elemente aus alten chinesischen Tänzen wie *Daoyin, Anqiao, Neidan* u.a. Die Bewegungen sollen sanft, geschmeidig, anmutig und entspannt ausgeführt werden. Dabei soll man sich wohlig und behaglich fühlen.

- **Kombination von Trainieren und Nähren:** Für das Praktizieren von *Qigong* gibt es einen metaphorischen Vergleich: Das Üben ist Pflügen im Frühling, Jäten im Sommer. Das Nähren (Pflegen) dagegen ist Ernten im Herbst, Speichern im Winter. Um effektive Wirkungen zu erzielen, sollen Üben und Nähren (Pflegen) eng miteinander kombiniert werden. Der nährende Aspekt des *Huichungong* bezieht sich auf zwei Ebenen. Im engeren Sinne bedeutet es eine ruhige, entspannte Übung als Abschlussübung nach jedem Trainieren. So z.B. die

Übung "sich entspannen und den Geist ernähren". Die Abschlussübung kann in verschiedenen Formen, z.B. im Stehen, Sitzen oder Liegen, ausgeführt werden. Die Dauer der Übung hängt von der individuellen Konstitution ab. Im weiteren Sinn soll das Üben des *Huichungong* sinnvoll mit der Gesundheitspflege im Alltag verbunden werden.

Lernmethoden des *Huichungong*

Kenntnisse und Erfahrungen entspringen der Praxis. Aufgrund der geschichtlichen Erfahrungen der *Huashan-Schule*, unserer jahrelangen Praxis, sowie den persönlichen Erfahrungen vieler *Huichungong*-Übenden haben wir folgende Lernmethoden zusammengefasst:

- **Den Naturgesetzen folgen:** Die daoistischen Methoden zur Gesundheitspflege unterstreichen den Einklang mit der Natur und befolgen die Naturgesetze. Die Theorie des *Huichungong* basiert genau darauf.

- **Schritt für Schritt vorgehen:** Beim Lernen fangen Sie zuerst mit einfachen und wenigen Übungen an. Später befassen Sie sich dann mit den schwierigeren Übungen. Um die Methode besser vermitteln zu können, wird die Stehende Methode mit 24 Übungen aus didaktischen Gründen in 3 Stufen eingeteilt. Alle 3 Stufen sind in sich geschlossene Formen, die Sie je nach Bedarf und Niveau aussuchen und separat praktizieren können. Sie können auch einzelne Übungen auswählen und diese intensiv üben. Wenn Sie aber die Stehende Methode komplett lernen möchten, lernen Sie schrittweise von Stufe 1 bis zu Stufe 3 und anschließend die gemischte Form.

- **Im Rahmen der individuellen Möglichkeiten lernen:** Im Allgemeinen kann jeder Mensch *Huichungong* erlernen. In der Praxis sollte aber Rücksicht auf die individuelle Konstitution genommen und die Übungen im Rahmen der persönlichen

Möglichkeiten erlernt und ausgeführt werden. Manche Übungen können in unterschiedlicher Höhe und Intensität ausgeführt werden. Dem Anfänger ist zu empfehlen, die Bewegungen in höherer Position auszuführen. Die älteren Übenden sollten darauf achten, nicht mit übermäßigem Ehrgeiz an die Übung heranzugehen. Nach jeder Übung sollte man sich behaglich, entspannt und wohl fühlen. Wenn nach der Übung Müdigkeit auftritt, sollte man die Intensität reduzieren.

- **Mit Zuversicht, Entschlossenheit und Ausdauer üben:** *Huichungong* basiert auf den über zweitausend Jahre alten Erfahrungen der *Huashan-Schule*. Die jetzige Form des *Huichungong* entstand aus der Praxis, die seit über acht Jahrhunderten von unseren Vorfahren von Generation zu Generation überliefert wurde. Gleichzeitig ist sie die Zusammenfassung der ständigen Überarbeitungen und Forschungen der nachfolgenden Generationen. Wenn man sich einer Sache widmet, muss man diese mit Zuversicht und Entschlossenheit angehen und fest an sie glauben. Das gilt auch für das Lernen von *Huichungong*. Seien Sie zuversichtlich, irgendwann *Huichungong* beherrschen zu können. Wenn Sie sich entschlossen haben, sich mit *Huichungong* zu beschäftigen, dann sollten Sie Durchhaltevermögen besitzen und regelmäßig üben. Die Steigerung des Niveaus hängt stark von der Dauer der Übungszeit ab. Die quantitative Veränderung führt zur qualitativen Veränderung. Nur so können Sie große Fortschritte machen und Ihre Gesundheit verbessern.

- **Seien Sie stets bestrebt:** Nachdem Sie sich mit der Form vertraut gemacht haben, streben Sie Schritt für Schritt ein höheres Niveau an und achten Sie in den Übungen mehr auf Entspannung und Ruhe. Versuchen Sie, die Bewegungen sanft, langsam, fließend und geschmeidig auszuführen. Dabei verwenden Sie positive Vorstellungsbilder.

- **Vermeiden Sie die folgenden vier grundlegenden Fehler:**

  - **Ungeduld:** Seien Sie nicht ungeduldig. Glauben Sie nicht, die Übungen in kürzester Zeit beherrschen zu können.

  - **Zu viele Übungen:** Streben Sie nicht nach immer mehr Übungen. Lassen Sie sich Zeit, die erlernten Übungen zu verinnerlichen.

  - **Überforderung:** Überfordern Sie sich nicht beim Üben. Gehen Sie schonend mit Ihrer Kraft um. Achten Sie beim Üben darauf, Ihre individuellen Möglichkeiten nicht zu überschreiten.

  - **Vermischung unterschiedlicher Methoden:** Vermischen Sie nicht verschiedene Methoden des *Qigong* miteinander. Wenn Sie gerade mit *Huichungong* angefangen haben, lernen Sie nicht zur gleichen Zeit eine andere Methode. Wir haben viel Respekt vor anderen Methoden des *Qigong* und wissen diese auch zu schätzen. Aber jede Methode hat ihre speziellen Eigenschaften und Anforderungen. Deshalb empfehlen wir dem Anfänger, nicht verschiedene Methoden zu praktizieren, um zu vermeiden, dass unterschiedliche Methoden, sowie deren Eigenschaften und Anforderungen vermischt werden.

Die zehn Übungen der ersten Stufe der Stehenden Methode des Huichungong

Vorbereitungsübung

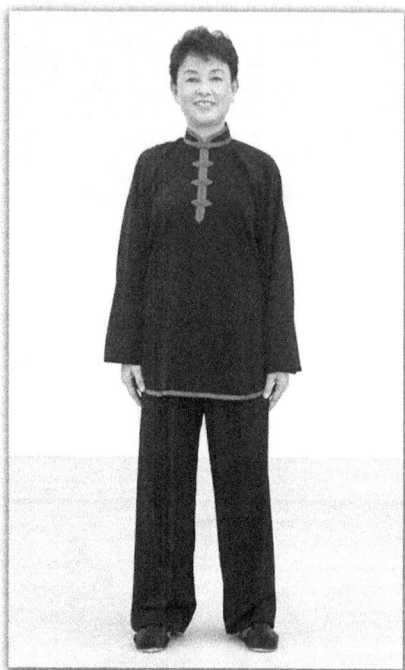

Stehen Sie in schulterbreiter Fußhaltung mit dem Gesicht
Richtung Süden und legen Sie beide Hände seitlich an die
Oberschenkel. Dabei berühren Sie sanft mit den
Mittelfingern (*Zhongchong*-Punkte; Herzbeutel-Leitbahn 9)
die *Fengshi*-Punkte (Gallenblasen-Leitbahn 31) seitlich an
den Oberschenkeln.

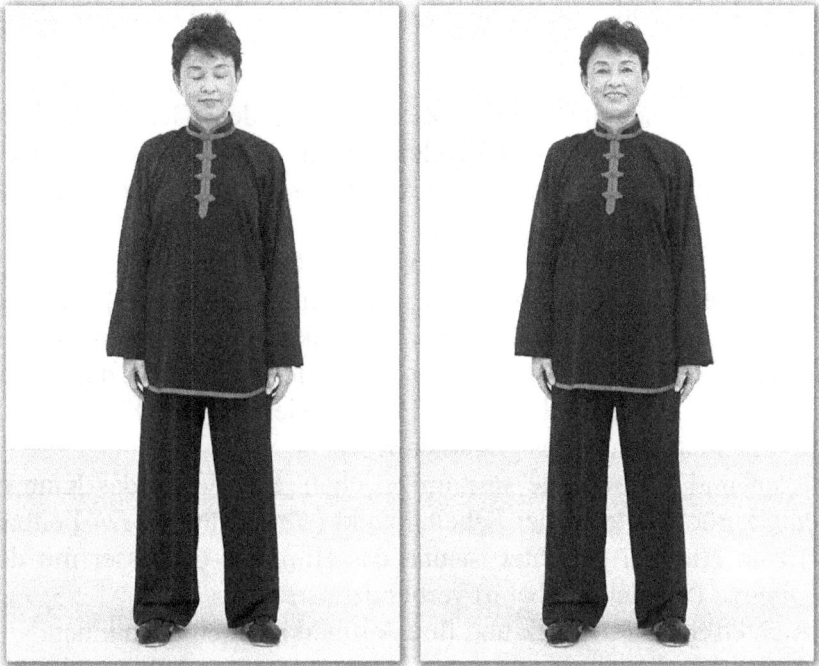

Nehmen Sie eine lockere und optimal entspannte
Körperhaltung ein, wobei der Kopf und die Wirbelsäule
aufgerichtet sind. Schließen Sie sanft den Mund und ziehen
Sie das Kinn ein wenig zurück. Dabei richten Sie Ihren Blick
nach innen.
Atmen Sie 3-mal ein und aus, dabei denken Sie beim
Einatmen an Ruhe und beim Ausatmen an Entspannung.

Theorie und Wirkung

Die wichtigsten Anforderungen bei der Ausübung von *Qigong* sind Entspannung, Ruhe und Natürlichkeit. Die Vorbereitungsübung dient dazu, Körper und Atmung zu regulieren und den Geist zu entspannen.

Stehen Sie in schulterbreiter Fußhaltung mit dem Gesicht Richtung Süden. Das Körpergewicht ist gleichmäßig auf beide Beine verteilt, die Füße sind mit der Erde verwurzelt. Dies wirkt positiv auf die Balance des Körpers.

Legen Sie beide Hände seitlich an die Oberschenkel, so dass die Mittelfinger (*Zhongchong*-Punkte, Herzbeutel-Leitbahn 9) die Oberschenkel an der Hosennaht (*Fengshi*-Punkte, Gallenblasen-Leitbahn 31) sanft berühren. Diese Haltung stärkt die Verbindung der Gallenblasen- und Leber-Leitbahn, die Harmonisierung von *Yin* und *Yang* und die Entspannung des gesamten Körpers.

Kopf und Wirbelsäule sind aufgerichtet. Sie ziehen das Kinn ein wenig zurück, so dass der Scheitelpunkt (*Baihui*-Punkt, *Du*-Leitbahn 20) zum Himmel gerichtet ist und das Himmels-*Qi* besser mit dem *Chongmai* (Sonder-Leitbahn) verbunden ist.

Richten Sie Ihren Blick und Ihre Aufmerksamkeit nach innen.

Atmen Sie 3-mal ein und aus. Sie sind entspannt, ruhig und fühlen sich wohl.

Merkmale und was es zu beachten gilt

- **Fußhaltung:** Die Fußspitzen sollten weder zu sehr nach außen noch nach innen zeigen. Öffnen Sie die Fußspitzen um ca. 15 Grad nach außen. Verteilen Sie Ihr Körpergewicht gleichmäßig auf beide Füße. Die Zehen sind ausgestreckt und entspannt.

- **Kopfhaltung:** Richten Sie Ihren Kopf auf und ziehen Sie dabei das Kinn ein wenig zurück, so dass sich Himmel, Scheitelpunkt (*Baihui*-Punkt, *Du*-Leitbahn 20) und der *Huiyin*-Punkt

(*Ren*-Leitbahn 1) im Dammbereich auf einer senkrechten Linie befinden.

- **Armhaltung:** Lassen Sie beide Arme seitlich am Körper hängen, so dass die Mittelfinger (*Zhongchong*-Punkte, Herzbeutel-Leitbahn 9) die Oberschenkel an der Hosennaht (*Fengshi*-Punkte, Gallenblasen-Leitbahn 31) sanft berühren. Achten Sie darauf, dass der Nackenbereich (*Dazhui-Punkt, Du*-Leitbahn 14) entspannt bleibt. Nur wenn der *Dazhui*-Punkt locker ist, können Schultern und beide Arme ebenfalls entspannt bleiben.

- **Atmung:** „In Entspannung und Ruhe ein- und ausatmen" zählt zu den Basisübungen der gesundheitspflegenden Methoden. Daher sollten Sie diese Übung nicht vernachlässigen.

„In Entspannung und Ruhe ein- und ausatmen" zieht sich durch die gesamte *Huichungong*-Methode. Achten Sie darauf, beim Einatmen in Gedanken das Wort „*Jing*" (auf Deutsch: Ruhe) so lange auszusprechen wie Sie einatmen. Beim Ausatmen sprechen Sie in Gedanken das Wort „*Song*" (auf Deutsch: Entspannung) aus, während Sie sich von oben nach unten und von innen nach außen entspannen. Sie atmen mit der Nase ein und aus und verwenden die normale Bauchatmung. Das heißt: Beim Einatmen wölbt sich der Bauch leicht nach vorne, beim Ausatmen kehrt der Bauch zurück und entspannt sich.

Um diese Übung leichter zu erlernen, teilen Sie sie in vier Lernschritte auf:

Der erste Schritt: Teilen Sie den gesamten Körper in neun Bereiche, die Sie nacheinander entspannen.

1. Richten Sie die Aufmerksamkeit auf den Kopf. Beim Einatmen denken Sie an „*Jing*" (Ruhe), beim Ausatmen sprechen Sie lautlos „*Song*" (Entspannung) und entspannen dabei den Kopf. Diese Übung wiederholen Sie 3-mal.

2. Richten Sie die Aufmerksamkeit auf das Gesicht. Beim Einatmen denken Sie an „*Jing*" (Ruhe), beim Ausatmen sprechen Sie lautlos „*Song*" (Entspannung) und entspannen dabei das Gesicht. Diese Übung wiederholen Sie 3-mal.

3. Richten Sie die Aufmerksamkeit auf den Nacken- und Halsbereich. Beim Einatmen denken Sie an „*Jing*" (Ruhe), beim Ausatmen sprechen Sie lautlos „*Song*" (Entspannung) und entspannen dabei den Nacken- und Halsbereich. Diese Übung wiederholen Sie 3-mal.

4. Richten Sie die Aufmerksamkeit auf Schultern, Arme und Hände. Beim Einatmen denken Sie an „*Jing*" (Ruhe), beim Ausatmen sprechen Sie lautlos „*Song*" (Entspannung) und entspannen dabei Schultern, Arme und Hände. Diese Übung wiederholen Sie 3-mal.

5. Richten Sie die Aufmerksamkeit auf Brust- und Rückenbereich. Beim Einatmen denken Sie an „*Jing*" (Ruhe), beim Ausatmen sprechen Sie lautlos „*Song*" (Entspannung) und entspannen dabei Brust- und Rückenbereich. Diese Übung wiederholen Sie 3-mal.

6. Richten Sie die Aufmerksamkeit auf den Bauch- und Lendenbereich. Beim Einatmen denken Sie an „*Jing*" (Ruhe), beim Ausatmen sprechen Sie lautlos „*Song*" (Entspannung) und entspannen dabei den Bauch- und Lendenbereich. Diese Übung wiederholen Sie 3-mal.

7. Richten Sie die Aufmerksamkeit auf Hüftgelenke und Oberschenkel. Beim Einatmen denken Sie an „*Jing*" (Ruhe), beim Ausatmen sprechen Sie lautlos „*Song*" (Entspannung) und entspannen dabei Hüftgelenke und Oberschenkel. Diese Übung wiederholen Sie 3-mal.

8. Richten Sie die Aufmerksamkeit auf die Kniegelenke und Unterschenkel. Beim Einatmen denken Sie an „*Jing*" (Ruhe) beim Ausatmen sprechen Sie lautlos „*Song*" (Entspannung)

und entspannen dabei Kniegelenke und Unterschenkel. Diese Übung wiederholen Sie 3-mal.

9. Richten Sie die Aufmerksamkeit auf die Sprunggelenke und Füße. Beim Einatmen denken Sie an *„Jing"* (Ruhe), beim Ausatmen sprechen Sie lautlos *„Song"* (Entspannung) und entspannen dabei Sprunggelenke und Füße. Diese Übung wiederholen Sie 3-mal.

Der zweite Schritt: Teilen Sie den gesamten Körper in drei Bereiche, die Sie nacheinander entspannen.

1. Richten Sie die Aufmerksamkeit auf den Bereich vom Scheitelpunkt (*Baihui*-Punkt, Du-Leitbahn 20) bis zum Hals- und Nackenbereich. Beim Einatmen denken Sie an *„Jing"* (Ruhe), beim Ausatmen sprechen Sie lautlos *„Song"* (Entspannung) und entspannen dabei den Körper vom Scheitelpunkt bis zum Hals- und Nackenbereich. Diese Übung wiederholen Sie 3-mal.

2. Richten Sie die Aufmerksamkeit auf den gesamten Oberkörper einschließlich der Arme. Beim Einatmen denken Sie an *„Jing"* (Ruhe), beim Ausatmen sprechen Sie lautlos *„Song"* (Entspannung) und entspannen dabei den gesamten Oberkörper einschließlich der Arme. Diese Übung wiederholen Sie 3-mal.

3. Richten Sie die Aufmerksamkeit auf den Bereich von den Hüftgelenken bis zu den Füßen. Beim Einatmen denken Sie an *„Jing"* (Ruhe), beim Ausatmen sprechen Sie lautlos *„Song"* (Entspannung) und entspannen dabei den Körper von den Hüftgelenken bis zu den Füßen. Diese Übung wiederholen Sie 3-mal.

Der dritte Schritt: Teilen Sie den gesamten Körper in zwei Bereiche, die Sie nacheinander entspannen:

1. Richten Sie die Aufmerksamkeit auf den Bereich vom Kopf bis zur Bauch- und Lendengegend sowie zu den Armen. Beim Einatmen denken Sie an „*Jing*" (Ruhe), beim Ausatmen sprechen Sie lautlos „*Song*" (Entspannung) und entspannen dabei den Körper vom Kopf bis zum Hüftbereich. Diese Übung wiederholen Sie 3-mal.

2. Richten Sie die Aufmerksamkeit auf den Bereich von Bauch- und Lendengegend bis zu den Füßen. Beim Einatmen denken Sie an „*Jing*" (Ruhe), beim Ausatmen sprechen Sie lautlos „*Song*" (Entspannung) und entspannen dabei den Körper vom Lendenbereich bis zu den Füßen. Diese Übung wiederholen Sie 3-mal.

<u>Der vierte Schritt:</u>

1. Im vierten Schritt entspannen Sie den gesamten Körper. Stellen Sie sich vor, den Körper vom Scheitelpunkt (*Baihui*-Punkt, *Du*-Leitbahn 20) abwärts bis zu den Fußsohlen (*Yongquan*-Punkte, Nieren-Leitbahn 1) durchgehend zu entspannen. Mit dem Ein- und Ausatmen sprechen Sie in Gedanken jeweils „*Jing*" und „*Song*" aus. Diese Übung wiederholen Sie ebenfalls 3-mal.

Führen Sie diese Übung Schritt für Schritt aus. Erst wenn Sie mit der Übungsfolge im 1. Schritt vertraut sind, wechseln Sie zu den Übungen von Schritt 2. Üben Sie regelmäßig und kontinuierlich, bis Sie den 4. Schritt erreicht haben. Wenn Sie diese Reihenfolge beachten, kann die Übung Ihnen helfen, Stress abzubauen und Müdigkeit zu beseitigen.

Übung I: Die Mitte in sechs Richtungen finden (Regulation des Körpers)

Die Mitte des Körpers befindet sich im Bauchraum auf der Verbindungslinie zwischen einem Punkt, der drei fingerbreit unterhalb des Bauchnabels liegt (*Shenque*-Punkt, *Ren*-Leitbahn 8) und dem *Mingmen*-Punkt (*Du*-Leitbahn 4), der sich im Rückenbereich zwischen dem 2. und 3. Lendenwirbel befindet. Durch das Pendeln des Körpers in sechs Richtungen bringen Sie Ihre Körpermitte in eine für die folgenden Übungen optimale Position.

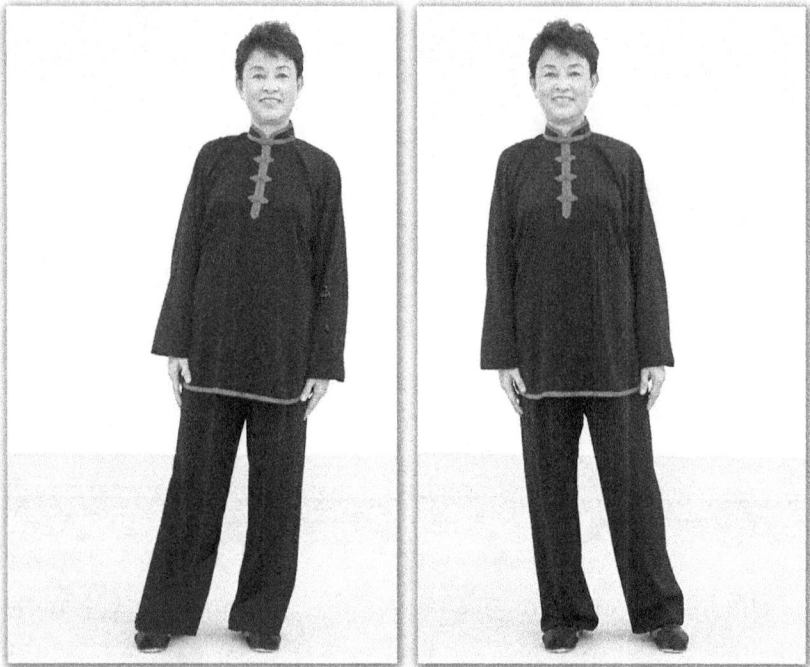

Aus der Vorbereitungsposition (s.o.) pendeln Sie durch
verlagern Ihres Körpergewichts aus der Mittelposition
langsam zuerst nach links und dann nach rechts.
Wiederholen Sie diese Bewegung insgesamt 3-mal.
Danach kehren Sie wieder zurück zur Mittelposition. Ihr
Körper sollte während der Übung locker und entspannt
bleiben.

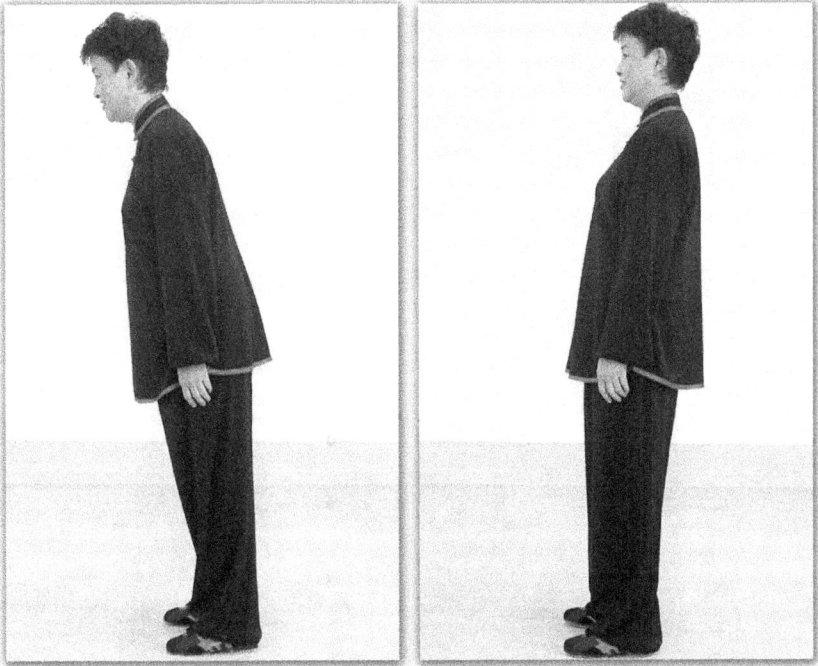

Aus der Mittelposition pendeln Sie mit dem Körper
langsam vorwärts und rückwärts.
Wiederholen Sie auch diese Übung insgesamt 3-mal.
Danach kehren Sie wieder zurück zur Mitte. Ihr Körper
sollte während der Übung locker und entspannt bleiben.

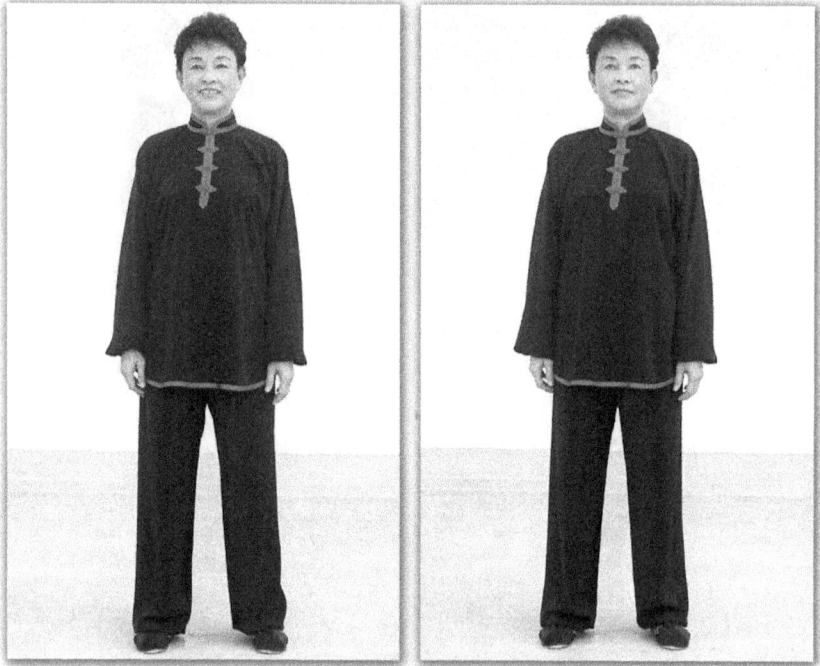

Anschließend strecken Sie in Ihrer Vorstellung den Körper nach oben und unten. Beim Einatmen strecken Sie den Körper etwas nach oben, beim Ausatmen entspannen Sie sich. Die Aufmerksamkeit richtet sich auf ihre Körpermitte zwischen dem *Shenque*-Punkt und dem *Mingmen*-Punkt. Ihr Körperschwerpunkt befindet sich nun in einer optimalen Position.

Theorie und Wirkung

Jede *Qigong*-Methode enthält drei wichtige Aspekte, nämlich die Regulierung des Körpers, die Regulierung des Geistes und die Regulierung der Atmung. Die Regulierung des Körpers zieht sich beim *Huichungong* durch das gesamte Übungssystem. Die Ausführung von stehenden Bewegungen im *Huichungong* erfordert eine optimale Entspannung des Körpers. Dies verlangt wiederum, dass der Körperschwerpunkt in der Mitte zwischen dem *Shenque*-Punkt und dem *Mingmen*-Punkt liegt. Diese Position ermöglicht eine optimal entspannte Körperhaltung und eine bequeme Atmung. Ebenfalls werden dadurch die Durchlässigkeit der Leitbahnen, sowie die Harmonisierung von *Qi* und Blut begünstigt. All dies sind die Voraussetzungen für die sanften, geschmeidigen Bewegungen des *Huichungong*.

Merkmale und was es zu beachten gilt

*   Das Pendeln in sechs Richtungen sollten Sie dezent ausführen. Gelenke, Knochen, Bänder und Muskeln sollen sich optimal entspannen, so dass leichter eine *Qi* - Empfindung entstehen kann.

*   Bei den seitlichen Körpergewichtsverlagerungen sollten Sie das Gefühl entwickeln, dass der *Huiyin*-Punkt (*Ren*-Leitbahn 1) im Dammbereich hin und her pendelt. Wenn Sie das Gewicht nach vorne und hinten verlagern, pendelt *Huiyin* vorwärts und rückwärts.

*   Beim Dehnen und Strecken nach oben und unten stellen Sie sich vor, dass der *Baihui*-Punkt (*Du*-Leitbahn 20) an einem unsichtbaren Faden befestigt ist. Sie fühlen sich leicht und schwebend, bleiben dabei jedoch verwurzelt.

*   Beim Üben sollten Sie sich entspannt, ruhig und wohl fühlen. Im Bereich zwischen den Akupunkturpunkten *Shenque* (*Ren*-

Leitbahn 8) und *Mingmen* (*Du*-Leitbahn 4) sollte ein warmes und angenehmes Gefühl entstehen.

• Die Übungen sollten entspannt und sanft ausgeführt werden.

Übung 2: Erinnerung an die Jugend (Regulation des Geistes)

Bevor Sie mit den *Huichungong*-Übungen beginnen, versetzen Sie sich in einen angenehmen Gemütszustand. Die schönen Bilder aus der eigenen Jugend tauchen etwas verschwommen in Ihrem Kopf auf. Sie fühlen sich wohl und behaglich. Ein Lächeln strahlt über Ihr Gesicht.

Die Menschen in mittlerem und hohem Alter sollten an die Zeit ihrer Jugend zurückdenken, als der Körper noch voller Vitalität, das strahlende Gesicht noch ohne Falten war und die Energiereserven sich noch in einem optimalen Zustand befanden. Die Bilder aus der Jugend werden in Ihrem Kopf lebendig: Sie sind jung, gesund und voller Energie.

Jüngere Menschen können sich vorstellen: Sie sind vital und genießen einen guten Gesundheitszustand. Sie sind glücklich mit sich selbst. Was die Umgebung angeht, kann man sich folgendes vorstellen: Sie stehen mitten im Hochgebirge. Ein Bach plätschert sanft dahin. Üppig wachsen die mächtigen Bäume. Hunderte von farbenprächtigen Blumen blühen und deren Duft schmeichelt Ihrer Nase. Eine ruhige, friedliche und reizvolle Natur umgibt Sie. Inspiriert von solch schöner Natur fühlen Sie sich wohl und behaglich. Ein Lächeln im Gesicht ist der Ausdruck von innerer Zufriedenheit.

Bei dieser Übung nutzen Sie die natürliche Atmung. Jeder Atemzug sollte langsamer, tiefer und gleichmäßiger sein als Ihre gewöhnlichen Atemzüge.

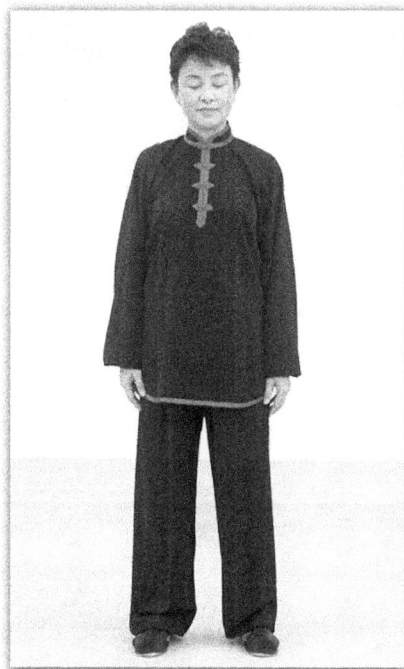

Stehen Sie in schulterbreiter Fußhaltung mit dem Gesicht Richtung Süden. Legen Sie beide Hände seitlich an die Oberschenkel, so dass die *Zhongchong*-Punkte (Herzbeutel-Leitbahn 9) auf den Mittelfingern dabei sanft die *Fengshi*-Punkte (Gallenblase-Leitbahn 31) an den Oberschenkeln berühren. Der gesamte Körper ist locker und optimal entspannt. Kopf und Wirbelsäule sind aufgerichtet. Schließen Sie sanft den Mund und ziehen Sie das Kinn ein wenig ein, dabei richten Sie Ihren Blick nach innen.

Nach ungefähr 1 Minute öffnen Sie dann langsam die Augen.

Theorie und Wirkung

Die Übung "Erinnerung an die Jugend" ist ein wichtiger Bestandteil der stillen Form der *Quanzhen* (deutsch: Vollständige Wahrheit) *Huashan-Schule*. Diese ist die Fortsetzung und Weiterentwicklung der traditionellen daoistischen *Qigong*-Methode *Chunsifa* (z.B. Methode der Visualisierung der inneren Organe oder verschiedener Gottheiten). Die Mönche vom Berg *Huashan* vertreten folgende Auffassung: Um das Altwerden zu verzögern, muss man die Essenz wiedergewinnen und das Gehirn nähren. Um die Essenz wiedergewinnen zu können, muss man sie aber zuerst pflegen. Das Kultivieren der Essenz setzt aber das Pflegen des Herzens voraus. In der Praxis versetzen sich die Mönche zuerst mental in die eigene Jugend, bevor sie beginnen *Huichungong* zu üben. In ihrer Vorstellung versetzen sie ihren Körper in den Zustand der Jugend. So, wie auch in der Natur der Frühling wieder zurückkehrt. So entsteht die harmonische Einheit von Himmel, Erde und Menschen. Körper und Geist vereinen sich. Die schönen, fröhlichen Vorstellungen und das positive Denken können die Sekretion der inneren Drüsen anregen und die Funktion der inneren Organe stärken. Die Übung „Die Erinnerung an die Jugend" soll der geistigen Degeneration bei älteren Menschen vorbeugen.

Merkmale und was es zu beachten gilt

- Im ruhigen emotionalen Zustand schließen Sie die Augen. Sie erinnern sich an die eigene Jugend. Am besten suchen Sie sich vor der Übung ein Lieblingsbild aus der Jugendzeit aus und platzieren es an einer Stelle, wo Sie es oft zu sehen bekommen. Das soll helfen, sich an die Vitalität, Schönheit und Gesundheit des eigenen jüngeren Körpers zu erinnern. Die Vorstellungslenkung darf jedoch nicht zu intensiv sein. Die Vorstellungsbilder sollen eher verschwommen und unklar bleiben.

- Behalten Sie ein Lächeln im Gesicht. Die Behaglichkeit und das Wohlbefinden sollen wirklich von innen kommen. Die innere Freude spiegelt sich im Gesicht wieder.

47

- Die schöne Erinnerung an die Jugend und ein Lächeln im Gesicht sollen Sie während der gesamten Übung begleiten.

- Die Körperhaltung ist natürlich und entspannt. Eine gedachte Linie zwischen dem *Baihui*-Punkt (*Du*-Leitbahn 20) und *Huiyin*-Punkt (*Ren*-Leitbahn 1) sollte senkrecht zum Boden verlaufen, so dass das *Qi* im Körper durchgängig zirkulieren kann und das gesamte endokrine System, bestehend aus Hirnanhangsdrüse (Hypothalamus), Schilddrüse, Nebenschilddrüse, Brustdrüse (Thymusdrüse), Nebenniere, Bauchspeicheldrüse und den Geschlechtsdrüsen, sich in einem harmonischen Zustand befindet. Dies wirkt regulierend auf das endokrine System.

Übung 3: Qi führen und harmonisieren (Regulation der Atmung)

Als daoistische Methode zur Gesundheitspflege legt das *Huichungong* großen Wert auf die Aktivierung und Harmonisierung des inneren *Qi* durch Atemregulation. Die gleichmäßige und sanfte Atmung während der Übung trägt zur Entspannung des Körpers und des Geistes bei und ermöglicht die Vereinigung von *Jing* (Essenz), *Qi* und *Shen* (Geist).

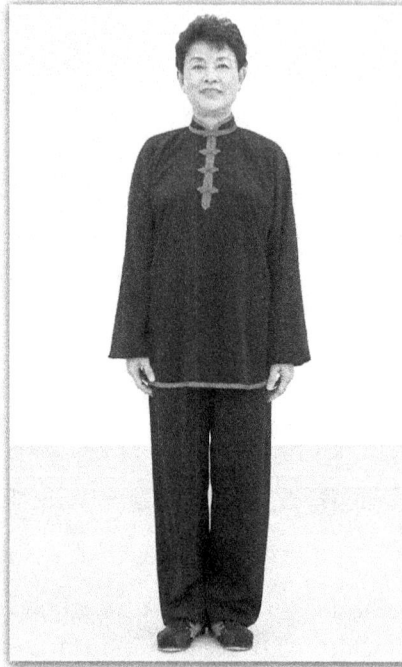

Aus der Position der vorigen Übung verlagern Sie das Gewicht auf das rechte Bein und nehmen den linken Fuß an den rechten heran, so dass sich die Fersen berühren und die Fußspitzen leicht nach außen weisen. Die Arme hängen locker seitlich am Körper. Die Mittelfinger (*Zhongchong*-Punkte, Herzbeutel-Leitbahn 9) berühren sanft die Oberschenkel (*Fengshi*-Punkte, Gallenblasen-Leitbahn 31). Die Körperhaltung ist locker und entspannt, Kopf und Wirbelsäule sind aufgerichtet. Der Mund ist leicht geschlossen, das Kinn etwas zurückgezogen. Richten Sie Ihren Blick nach innen.

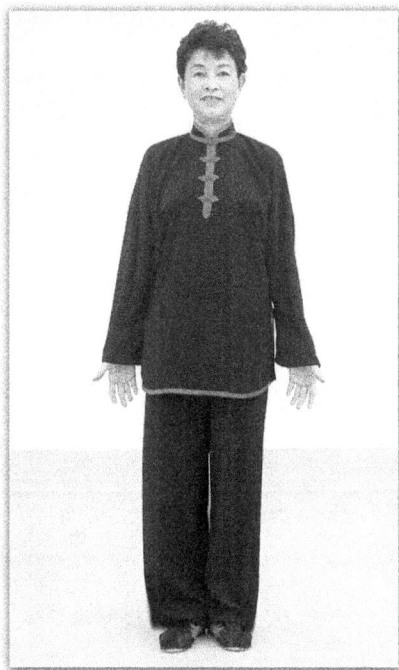

Mit dem Einatmen drehen Sie die Handflächen nach vorne und heben beide Arme seitlich nach oben an.

Heben Sie beide Arme nach oben, wobei diese nach vorne weisen und zueinander einen rechten Winkel bilden.

Wenn die Hände die Schulterhöhe erreicht haben, lösen Sie die Fersen langsam vom Boden. Führen Sie die Arme weiter nach oben über den Kopf und legen Sie dann die beiden Handflächen aneinander.

Mit dem Ausatmen entspannen Sie sich und lassen die
Fersen langsam zurück zu Boden sinken. Entspannen Sie
auch die Arme und führen Sie die zusammengelegten Hände
langsam nach unten, so dass die Daumen (*Shaoshang*-
Punkte, Lungen-Leitbahn 11) das obere Ende des
Brustbeins (*Tiantu*-Punkt, *Ren*-Leitbahn 22) erreichen. In
dieser Position atmen Sie ein und verweilen so lange, bis
das Einatmen beendet ist.

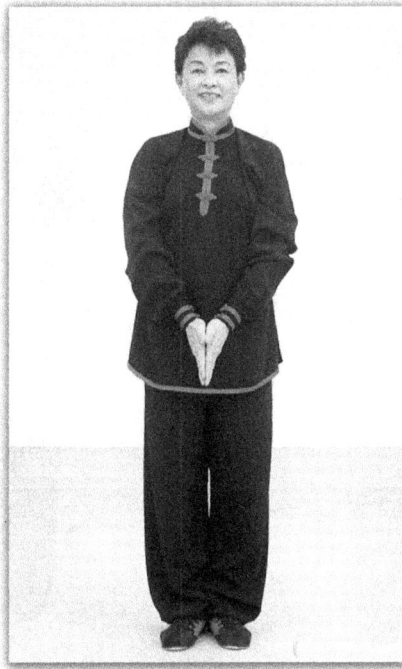

Mit dem Ausatmen lassen Sie die Unterarme weiter nach unten sinken. Die Fingerspitzen führen die Bewegung nach vorne unten zum Unterbauch (*Qugu*-Punkt, *Ren*-Leitbahn 2).

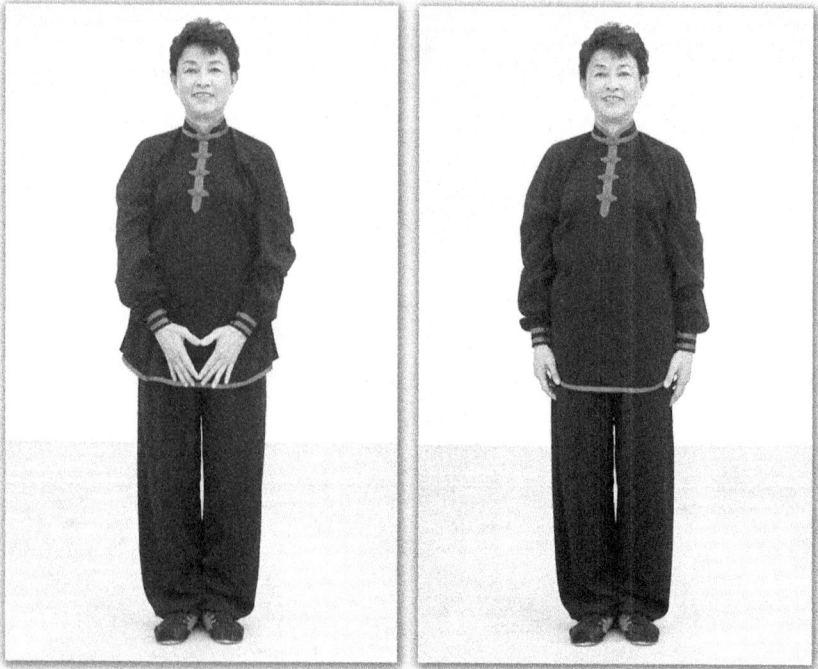

Anschließend lösen Sie die beiden Handflächen voneinander und lassen die Hände wieder seitlich zurück zur Ausgangsposition an die Oberschenkel sinken.

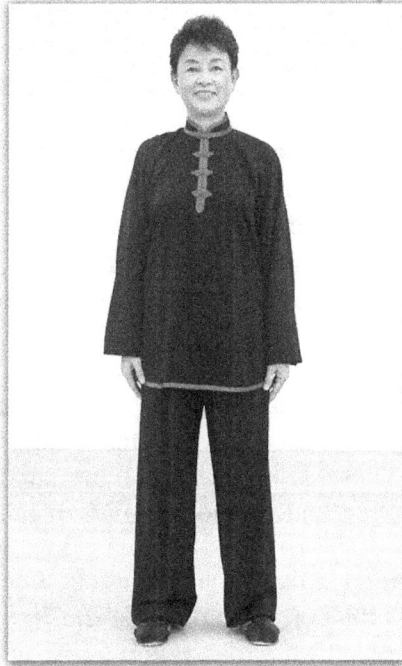

Die Übung wird insgesamt 3-mal wiederholt. Nach der dritten Wiederholung verlagern Sie das Körpergewicht auf den rechten Fuß und machen mit dem linken Fuß einen Schritt zur Seite. Kehren Sie dadurch zur Anfangsposition zurück.

Theorie und Wirkung

Die daoistischen gesundheitspflegenden Methoden legen großen Wert auf *Daoyin* (Leiten und Führen). Die Daoisten sind der Meinung, dass „das *Qi* führen und harmonisieren, den Körper dehnen und geschmeidig machen" eine Methode ist, die zur Verlängerung des Lebens und einem jugendlichen Aussehen verhelfen kann.

- **Den Körper dehnen und geschmeidig machen:** Während der gesamte Körper langsam nach oben gedehnt und gestreckt wird, entsteht eine leichte Anspannung. Mit der sinkenden Bewegung entspannt sich der Körper wieder. Ein Wechselspiel aus Anspannung und Entspannung, das regulierend auf den Körper wirkt.

- *Qi* **führen und harmonisieren:** Die langsame, sanfte Bewegung wird mit tiefen, gleichmäßigen und langen Atemzügen verbunden. Diese Kombination führt zu einem ausgeglichenen, entspannten und ruhigen Gemütszustand.

- **Die Leitbahnen durchlässig machen:** Diese Übung reguliert die zwölf Haupt-Leitbahnen sowie die *Ren*- und *Du*-Leitbahn und fördert deren Durchlässigkeit. Während der Körper nach oben gestreckt wird, arbeiten Sie mit folgendem Vorstellungsbild: Das klare *Yang* steigt und Sie sind voller Energie. Durch diese Aufmerksamkeitsführung wird das klare *Yang-Qi* im Körper angeregt. Während der Körper nach unten sinkt, arbeiten Sie mit folgendem Vorstellungsbild: Das trübe *Yin* sinkt und Sie fühlen sich behaglich. Diese Aufmerksamkeitsführung führt dazu, dass das trübe *Qi* abwärts verläuft. In der Praxis hat sich gezeigt, dass das regelmäßige Üben zur Verbesserung der Durchlässigkeit der Leitbahnen beitragen kann.

- *Yin-Yang* **verbinden:** Laut der *Yin-Yang*-Lehre wird der Körper in *Yin* und *Yang* eingeteilt. Die Ausgewogenheit von *Yin* und *Yang* zählt zu den wichtigen Aspekten der Gesundheitspflege. Die beidseitigen, die inneren und äußeren und die gegensätzlichen Bewegungen entsprechen der *Yin-Yang*-Lehre des Universums und fördern die innere Wandlung von *Yin und Yang.*

- **Besondere Wirkungen:** Trotz der einfachen Bewegung kann diese Übung eine therapeutische Wirkung erzielen. Wenn Sie die Übung separat und regelmäßig praktizieren, begünstigt sie den *Qi*-Fluss in der Lungen-Leitbahn, die Durchblutung und die Verbindung von Nieren und Herz. Die Übung kann ebenfalls die Milz- und Magenfunktionen harmonisieren und Müdigkeit vertreiben.

Merkmale und was es zu beachten gilt

- Bei dieser Übung wird die umgekehrte Bauchatmung angewendet. Dabei wird die Bauch- und Beckenbodenmuskulatur bei der Einatmung angespannt, bei der Ausatmung entspannt. Die Übung enthält insgesamt zwei Atemzüge je Wiederholung. Für den Anfänger ist jedoch eine sanfte, langsame, gleichmäßige und natürliche Atmung zu empfehlen. Erst nachdem Sie mit der Übung vertraut sind, achten Sie auf die umgekehrte Bauchatmung und das Trainieren des *Huiyin*-Punktes (*Ren*-Leitbahn 1) im Dammbereich. Auf keinen Fall sollten Sie in der Anfangsphase nach einer tiefen Atmung streben. Das Anspannen des Bauches geht vom *Qugu*-Punkt (*Ren*-Leitbahn 2) im Schambeinbereich aus.

- Im Hochzehenstand wird der Körper nach oben gezogen und die Wirbelsäule gestreckt. Achten Sie darauf, dass die Fersen zusammenbleiben und die Kniegelenke nicht durchgedrückt werden.

- Arbeiten Sie mit der Vorstellungskraft: Während der aufsteigenden Bewegung stellen Sie sich vor, dass das klare *Yang-Qi* im Körper aufsteigt und Sie voller Energie sind. Während Sie beide Hände nach unten führen, sinkt das trübe *Yin-Qi* und Sie fühlen sich wohl. Die Vorstellungskraft sollte nicht zu intensiv und verkrampft sein.

• Diese Übung verfügt je nach Ausführung über eine gegensätzliche Wirkung. Die Lehre der Akupunktur besagt: „Wenn oben Fülle und unten Leere herrscht, soll nach unten abgeleitet und abgeführt werden. Wenn dagegen oben Leere und unten Fülle besteht, soll nach oben geführt werden." Aus diesem Grund sollte man sich während der Übung nach dem eigenen körperlichen Zustand richten. Die Daoisten betonen die Vereinigung von Bewegung und *Qi*-Führung. Das heißt: Schnelle Bewegungen führen zur raschen *Qi*-Zirkulation. Bei langsamen Bewegungen fließt das *Qi* hingegen langsamer. Die Symptome wie zum Beispiel Hypertonie (Bluthochdruck), Tachykardie (Herzfrequenz über 100 Schläge pro Minute) und chronische Entzündung gehören zu den Leere-Fülle-Hitze-Mustern. Bei dieser Übung sollten daher Menschen mit den vorgenannten Symptomen die aufsteigenden und streckenden *Yang*-Bewegungen rasch ausführen und dabei schneller einatmen. Dagegen sollen die absenkenden, entspannten *Yin*-Bewegungen langsamer ausgeführt und dabei langsamer ausgeatmet werden. Es handelt sich hierbei um die sogenannte sedierende Methode, um das übermäßige *Yang* abzuschwächen und das *Yin* zu nähren. Die Symptome wie Hypotonie (niedriger Blutdruck), Bradykardie (Herzfrequenz unter 60 Schläge pro Minute), schweres Gemüt und verminderte Stoffwechselfunktion zählen zu den Leere-Fülle-Kälte-Mustern. Bei diesen Symptomen sollten die aufsteigenden Bewegungen langsamer und die sinkenden Bewegungen schneller ausgeführt werden. Hierbei handelt es sich um die tonisierende Methode.

• Die Übung „*Qi* führen und harmonisieren" soll sanft und harmonisch ausgeführt werden. Bei den streckenden Bewegungen nach oben sollten Sie vermeiden, sich zu verkrampft anzuspannen und die Luft anzuhalten.

- Üblich sind drei Wiederholungen. Bei bestimmten chronischen Erkrankungen kann sie öfter wiederholt werden.

Übung 4: Das verbrauchte Qi ausstoßen und das frische Qi aufnehmen

In Ruhe ein- und ausatmen

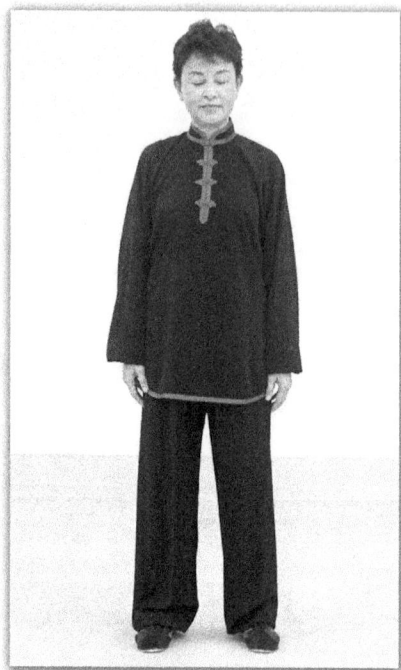

Stehen Sie in schulterbreiter Fußhaltung mit dem Gesicht
Richtung Süden. Legen Sie beide Hände seitlich an die
Oberschenkel, so dass die *Zhongchong*-Punkte (Herzbeutel-
Leitbahn 9) auf den Mittelfingern dabei sanft die *Fengshi*-
Punkte (Gallenblasen-Leitbahn 31) an den Oberschenkeln
berühren. Der gesamte Körper ist locker und entspannt.
Kopf und Wirbelsäule sind aufgerichtet. Schließen Sie
sanft den Mund und ziehen Sie das Kinn ein wenig zurück.
Dabei richten Sie Ihren Blick nach innen. Atmen Sie 1-mal
ein und aus.

Körper vorbeugen, Knie beugen, dabei ausatmen

Während Sie langsam ausatmen, schieben Sie das Becken (*Mingmen*-Punkt, *Du*-Leitbahn 4) etwas nach hinten und beugen dabei den Oberkörper mit geradem Rücken leicht nach vorne.

Gehen Sie anschließend langsam in die Hocke, so dass dadurch der *Mingmen*-Punkt zuerst nach hinten und dann nach unten bewegt wird. Lassen Sie beide Arme seitlich hängen, so dass die beiden *Hegu*-Punkte (Dickdarm-Leitbahn 4) im Bereich zwischen Daumen und Zeigefinger nach vorne weisen.

Schultern hochziehen, Fersen anheben, dabei einatmen

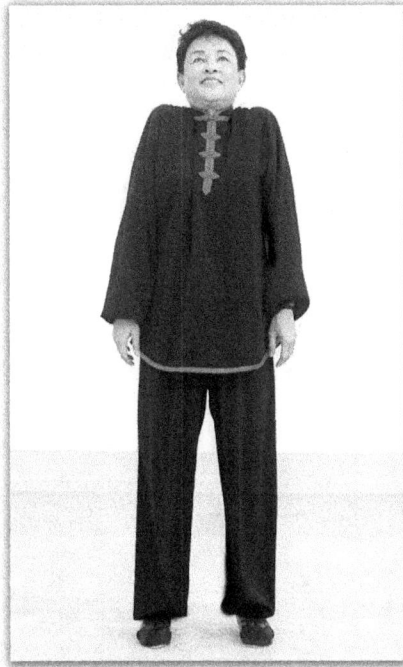

Während Sie einatmen, richten Sie sich langsam auf.
Schieben Sie das Becken nach vorne und strecken Sie die
Kniegelenke, wodurch Sie beide Fersen vom Boden lösen.
Beim weiteren Aufrichten ziehen Sie die Schultern langsam
hoch, strecken die Halswirbelsäule und heben den Kopf
leicht an. Während Sie sanft und gleichmäßig mit der Nase
einatmen, öffnen Sie die Brust und kreisen mit den
hochgezogenen Schultern nach hinten oben.

Schultern sinken lassen, Körper entspannen, dabei ausatmen

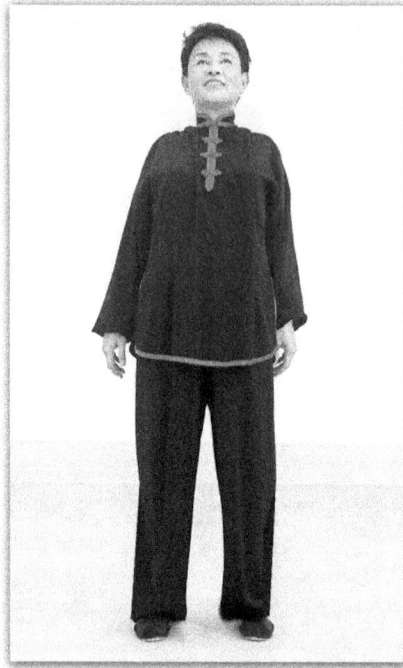

Während Sie ausatmen, entspannen Sie die Schultern nach hinten unten und lassen die Fersen wieder auf den Boden sinken.

Schieben Sie wieder das Becken etwas nach hinten und
beugen den Oberkörper leicht nach vorne. Gehen Sie
langsam in die Hocke, so dass dadurch der _Mingmen_-Punkt
zuerst nach hinten und dann nach unten bewegt wird.
Lassen Sie beide Arme seitlich hängen, so dass die beiden
Hegu-Punkte (Dickdarm-Leitbahn 4) nach vorne weisen.

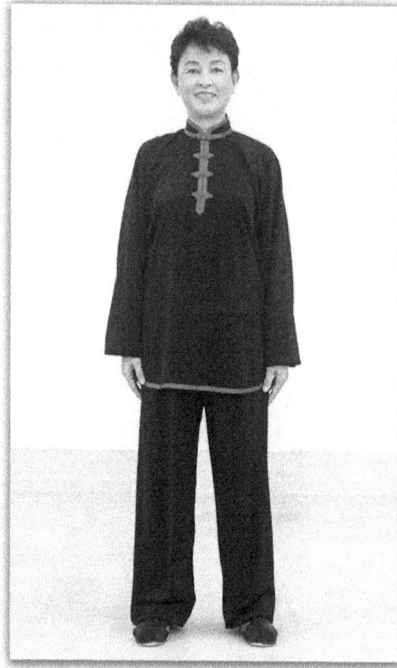

Ein Übungsdurchgang besteht aus jeweils 1-mal Einatmung und Ausatmung. Insgesamt wird die Übung 6-mal wiederholt. Nach der letzten Wiederholung richten Sie den Körper auf, ohne in den Hochzehenstand zu gehen und ohne die Schultern anzuheben. Kehren Sie zurück zur Ausgangsposition. Atmen Sie natürlich.

Abschlussübung: Abschließen, Leiten und Führen

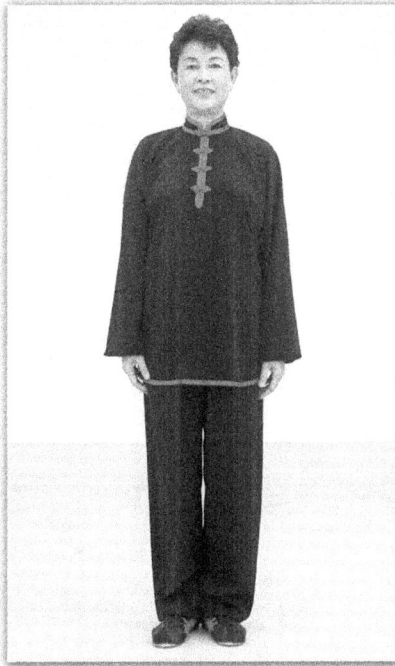

Verlagern Sie zuerst das Gewicht auf das rechte Bein und
nehmen Sie den linken Fuß zurück, so dass beide Fersen
sich berühren und die Fußspitzen leicht nach außen weisen.

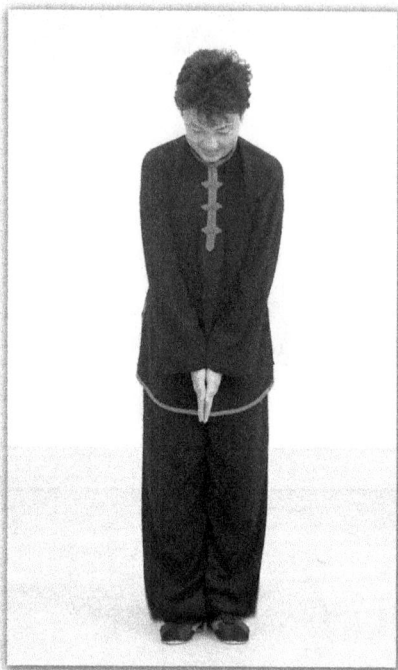

Legen Sie beide Handflächen vor dem Schambein zusammen
und neigen Sie den Oberkörper leicht nach vorne

Atmen Sie ein und ziehen Sie die Schultern hoch. Führen Sie die aneinandergelegten Hände - die Fingerspitzen weisen nach unten - an der Mittellinie des Rumpfes entlang der Ren-Leitbahn nach oben, bis die Handgelenke (*Shenmen*-Punkte, Herz-Leitbahn 7) auf Höhe des Bauchnabels (*Shenque*-Punkt, *Ren*-Leitbahn 8) angekommen sind.

Kreisen Sie mit den Schultern nach hinten und atmen Sie
aus, so dass die Ellbogen sinken und die Fingerspitzen nach
oben gerichtet werden. Dabei befinden sich die Handgelenke
auf Höhe des unteren Endes des Brustbeins (*Tanzhong-
Punkt, Ren*-Leitbahn 17).

Mit dem zweiten Einatmen heben Sie die Fersen langsam
vom Boden ab. Gleichzeitig strecken Sie die beiden
aneinandergelegten Hände nach oben über den Kopf.

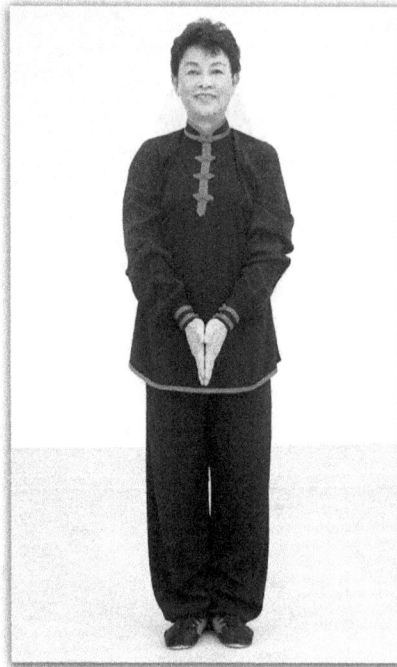

Nachdem Sie den höchsten Punkt erreicht haben, lassen
Sie die Fersen wieder mit der Ausatmung zu Boden sinken.
Gleichzeitig sinken beide Hände zunächst bis zum
Brustbein (*Tanzhong*-Punkt, *Ren*-Leitbahn 17).
Dann drehen Sie die Fingerspitzen wieder nach unten und
führen die Hände abwärts bis zum Unterbauch (*Zhongji*-
Punkt, *Ren*-Leitbahn 3).

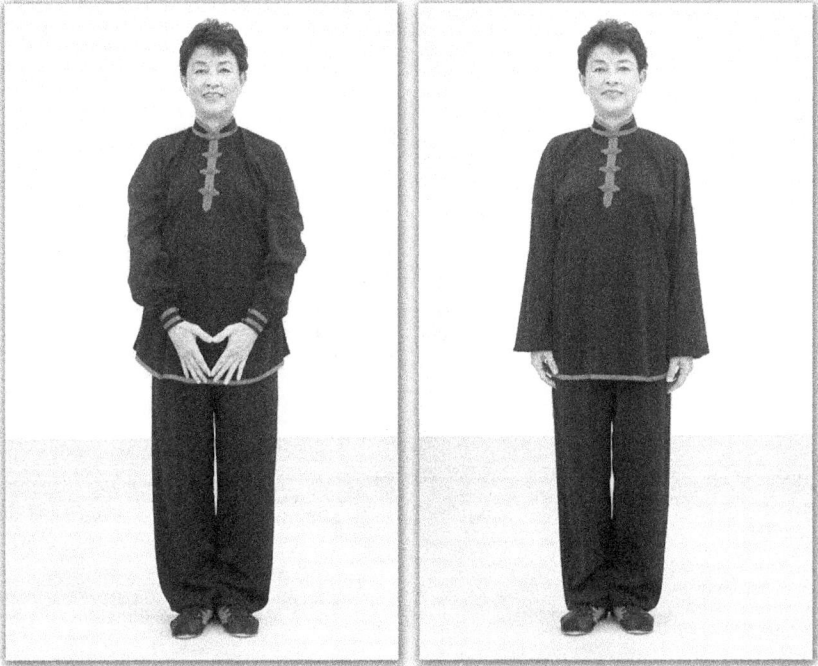

Vor dem Unterbauch trennen Sie die Hände und legen diese wieder seitlich an die Oberschenkel.

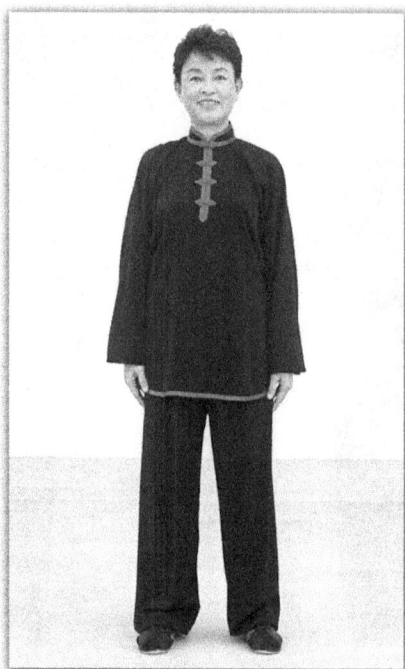

Zum Schluss setzen Sie den linken Fuß zur Seite und
kehren zur Ausgangsposition zurück.

Theorie und Wirkung

Diese Übung ist eine spezielle Atemübung und zählt zum traditionellen Inhalt der daoistischen gesundheitspflegenden Methode. Durch die rollenden Bewegung der Schultern sowie Beugung und Streckung des Körpers werden das Zwerchfell und die äußeren Zwischenrippenmuskeln intensiv bewegt, so dass mehr Sauerstoff aufgenommen und entsprechend mehr verbrauchte Luft ausgestoßen werden kann. Dadurch findet ein intensiver Luftaustausch statt. Durch regelmäßiges Üben kann sich die Vitalkapazität der Lunge deutlich vergrößern. Eine Studie hat gezeigt: Wenn sich das Zwerchfell um 1 cm mehr bewegt, vergrößert sich die Vitalkapazität der Lunge um 250 - 300 ml. Nach sechs bis zwölf Monaten Praktizieren dieser Übung bewegt sich das Zwerchfell bei einer unsportlichen Person um ca. 3 bis 4 cm mehr. Wenn mehr frische Luft eingeatmet wird, wird der Körper mit ausreichend Sauerstoff versorgt und das verbrauchte, trübe *Qi* wird entsprechend weniger. Die Körperzellen werden aktiviert und der Stoffwechsel wird angekurbelt. Die Körperkonstitution verbessert sich. Die Bewegungen im Dammbereich (*Huiyin*-Punkt, *Ren*-Leitbahn 1) wirken anregend auf die Geschlechtsdrüsen. Darüber hinaus macht die gesamte Übung die Gelenke beweglicher und geschmeidiger. Durch die streckenden Bewegungen werden die inneren Organe massiert. Folglich kann die Übung auch Verdauungsbeschwerden, Lungenbeschwerden und Schultererkrankung entgegenwirken.

Merkmale und was es zu beachten gilt

* Atmen Sie durch die Nase ein und durch den Mund aus. Die Atemzüge sollten natürlich und sanft sein.

* „Das verbrauchte *Qi* ausstoßen und das frische *Qi* aufnehmen" ist nicht nur eine Atemübung. Die Übung fördert ebenfalls die Beweglichkeit der Wirbelsäule und der Gelenke. Gleichzeitig wirkt sie massierend auf die inneren Organe. Kombinieren Sie die Bewegungen mit der Atmung. Die Bewegungen sollten sanft, harmonisch und fließend ausgeführt werden.

- Schultern hochziehen und wieder sinken lassen: Die Schultern beschreiben eine rollende Bewegung nach vorne oben und anschließend nach hinten unten. Achten Sie darauf, dass die Halswirbelsäule und der Nackenbereich mit einbezogen werden. Die Bewegungen im Schulterbereich verbessern die Durchlässigkeit der zwölf Haupt-Leitbahnen, sowie Sonder-Leitbahnen und wirken außerdem auf Schilddrüse und Halsschlagadern.

- Generell soll diese Übung sanft ausgeführt werden. Die aufsteigende Bewegung wird jedoch mit mehr Spannung ausgeführt als die sinkende Bewegung. Ein harmonisches Wechselspiel von Anspannung und Entspannung fördert den *Qi*-Fluss und sorgt für das ungehinderte Fließen von *Qi*, Blut und Essenz im Körper.

Übung 5: Der kleine Drache macht einen Frühlingsausflug

In der chinesischen Mythologie ist der Drache eine göttliche Figur. Drachen verfügen über mächtige Kräfte. Wenn der Drache sich schlängelt, macht er jedoch anmutige und sanfte Bewegungen. Inspiriert von den eleganten und geschmeidigen Bewegungen des Drachen hat die *Huashan-Schule* die Übung auf Basis der physiologischen Struktur des Menschen entwickelt. Weil beide Hände hierbei drei miteinander verbundene Kreise beschreiben, wird diese Übung auch als Übung der drei Kreise (*Sanhuangong*) bezeichnet.

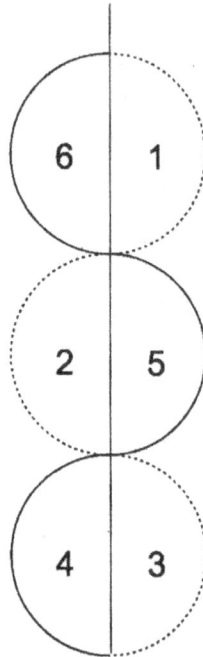

Die obige Abbildung stellt die Abfolge der Bewegungen dar. Mit aneinander gelegten Handflächen beschreiben Sie zuerst in der Abwärtsbewegung drei Halbkreise (1 bis 3) um die senkrechte Mittellinie des Körpers. Dann drei Halbkreise (4 bis 6) aufwärts. Dadurch entstehen die drei übereinander stehenden Kreise. Die Punktlinie zeigt die Abwärtsbewegung beginnend zur linken Seite, die ununterbrochene Linie zeigt die dazugehörige Aufwärtsbewegung. Die Aufmerksamkeit bleibt bei den Laogong-Punkten (Herzbeutel-Leitbahn 8) in den Handflächen. Sie fühlen sich leicht, geschmeidig und wohl. Sie sind voller Energie.

Xujing (Deutsch: Leere und Ruhe) Atmung

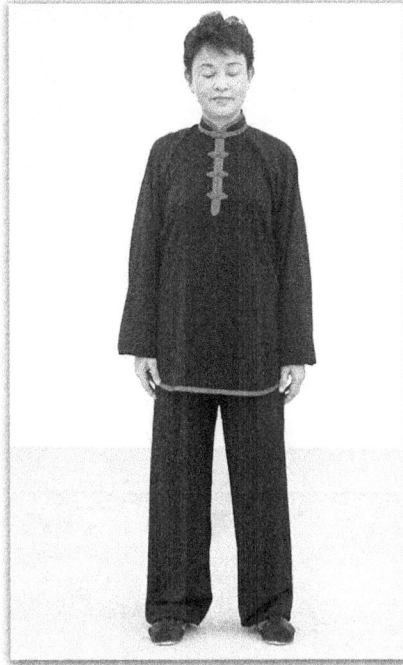

Vor Beginn der Übung atmen Sie 1-mal ein und aus, um zur Ruhe zu kommen.

Ausgangsposition

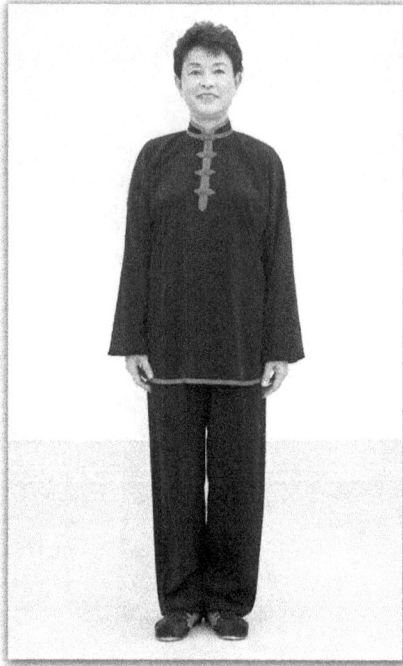

Nehmen Sie eine natürliche Körperhaltung ein. Füße,
Fußknöchel und die Innenseiten der Knie und Oberschenkel
sollen möglichst eng zusammenbleiben.

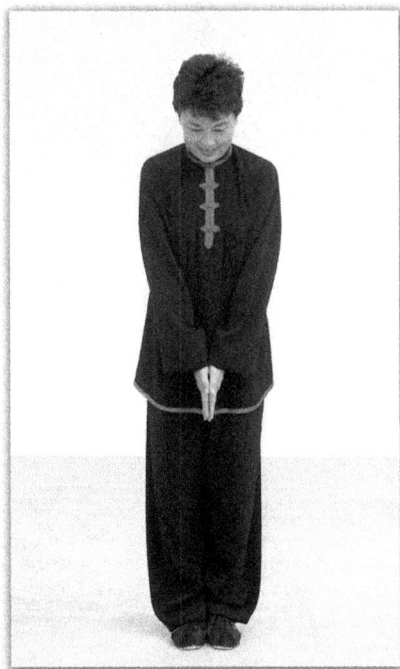

Neigen Sie den Oberkörper leicht nach vorne, führen Sie beide Hände vor das Schambein und legen Sie die Handflächen aneinander.

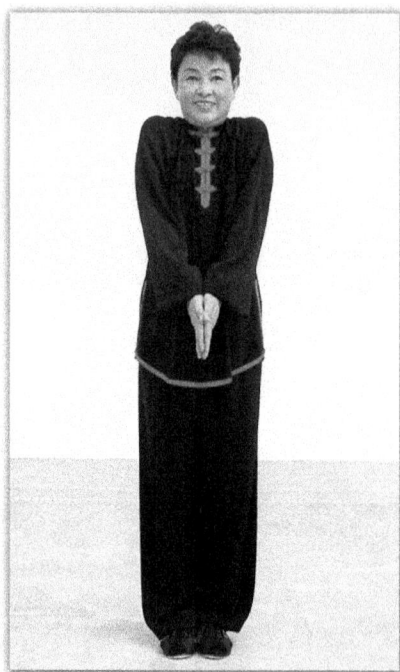

Atmen Sie ein und ziehen Sie die Schultern nach vorne oben.
Führen Sie die aneinandergelegten Hände - die
Fingerspitzen weisen nach unten - an der Mittellinie des
Rumpfes entlang der *Ren*-Leitbahn nach oben bis zum
Bauchnabel, wobei Sie den Oberkörper wieder aufrichten.

Atmen Sie aus und lassen Sie die Schultern nach hinten unten sinken, so dass die Ellbogen sinken und die Fingerspitzen nach oben gerichtet werden. Dadurch befinden sich die Handgelenke auf Höhe des unteren Endes des Brustbeins (*Tanzhong*-Punkt, *Ren*-Leitbahn 17).

Mit dem zweiten Einatmen heben Sie die Fersen langsam
vom Boden ab. Gleichzeitig strecken Sie die beiden
aneinander gelegten Hände nach oben über den Kopf. Dann
folgen die drei aufeinander stehenden Halbkreise (in der
Skizze die Halbkreise 1, 2 und 3):

Abwärtsbewegung auf der linken Seite, erster Halbkreis:

Während die Fersen wieder zu Boden sinken, schieben Sie das Becken nach rechts und neigen Oberkörper und Kopf nach links.
Ziehen Sie beide Hände im Halbkreis über die linke Seite bis auf Gesichtshöhe (ungefähr die Hälfte des Halbkreises). Die Fingerspitzen weisen nach oben. Beide Beine bleiben nach wie vor zusammen. Die Knie werden leicht gebeugt.

Bringen Sie Becken, Oberkörper und Kopf wieder zur Mitte.
Führen Sie gleichzeitig die Hände von der linken
Gesichtsseite weiter nach unten zur Mittellinie des
Körpers auf Höhe des Brustbeins (*Tiantu*-Punkt, *Ren*-
Leitbahn 22). Dadurch beenden Sie den ersten Halbkreis.
Die rechte Hand liegt über der linken Hand. Die
Fingerspitzen zeigen schräg nach links oben. Beide Beine
sind immer noch eng miteinander verbunden und leicht
gebeugt.

Der zweite Halbkreis:

Schieben Sie das Becken nach links und neigen Sie den Oberkörper und Kopf nach rechts. Vom Brustbein aus führen Sie die beiden aufeinandergelegten Hände bogenförmig nach rechts. Beide Beine bleiben nach wie vor geschlossen. Gleichzeitig beugen Sie die Beine etwas mehr. Die Fingerspitzen zeigen schräg nach rechts oben.

Bringen Sie Becken, Oberkörper und Kopf wieder zur Mitte.
Führen Sie die Hände bogenförmig von der rechten Seite in
Richtung Mittellinie des Körpers, so dass sich diese auf
Höhe des Bauchnabels (*Shenque*-Punkt, *Ren*-Leitbahn 8)
befinden. Gehen Sie dabei weiter in die Hocke und lassen
Sie das Körpergewicht nach unten sinken.
Die linke Hand liegt über der rechten Hand. Die
Fingerspitzen zeigen schräg nach vorne. Beide Beine sind
immer noch eng miteinander verbunden.

Der dritte Halbkreis:

Schieben Sie das Becken nach rechts und neigen Sie
Oberkörper und Kopf nach links.
Führen Sie beide Hände bogenförmig weiter nach links
unten. Die Fingerspitzen weisen schräg nach links unten.
Beide Beine bleiben nach wie vor zusammen und gleichzeitig
gehen Sie noch etwas tiefer in die Hocke.

Bringen Sie Becken, Oberkörper und Kopf wieder zur Mitte.
Führen Sie die Hände bogenförmig von der linken Seite in
Richtung Mittellinie des Körpers, so dass sich die
Handgelenke auf Höhe der Kniegelenke (*Ququan*-Punkte,
Leber-Leitbahn 8) befinden. Gehen Sie weiter in die Hocke
und lassen Sie das Körpergewicht nach unten sinken.
Die rechte Hand liegt auf der linken Hand, die Fingerspitzen
zeigen nach vorne unten. Beide Beine sind immer noch eng
miteinander verbunden. Hier ist die Abwärtsbewegung
beendet.

Aufwärtsbewegung auf der rechten Seite, vierter Halbkreis (in der Skizze die Halbkreise 4, 5 und 6):

Schieben Sie das Becken nach links und neigen Sie Oberkörper und Kopf nach rechts. Von den Knien aus führen Sie die beiden aufeinandergelegten Hände bogenförmig nach rechts oben. Die rechte Hand liegt nach wie vor auf der linken Hand. Dabei steigen Sie aus der tiefen Hocke etwas höher. Beide Beine sind immer noch eng miteinander verbunden und beide Knie sind gebeugt.

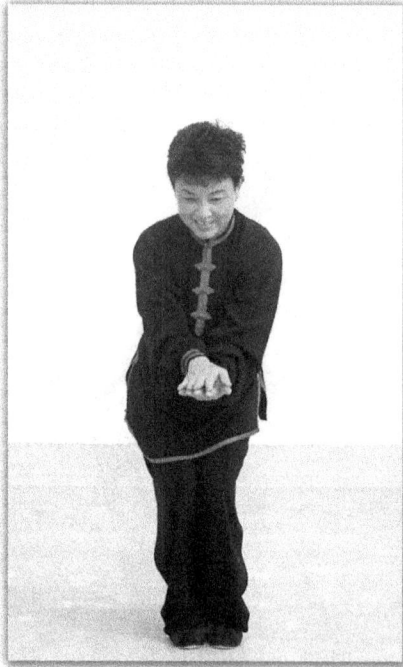

Bringen Sie Becken, Oberkörper und Kopf wieder zur Mitte.
Führen Sie die beiden Hände weiter bogenförmig von der
rechten Seite in Richtung Mittellinie des Körpers, so dass
die Handgelenke sich auf Höhe des Bauchnabels (*Shenque*-
Punkt, *Ren*-Leitbahn 8) befinden. Dabei steigen Sie aus der
tiefen Hocke noch etwas höher.
Die rechte Hand liegt immer noch auf der linken Hand, die
Fingerspitzen zeigen nach vorne. Beide Beine sind eng
miteinander verbunden. Der erste Kreis wird dadurch
geschlossen.

Der fünfte Halbkreis:

Schieben Sie das Becken nach rechts und neigen Sie
Oberkörper und Kopf nach links.
Führen Sie die Hände vom Bauchnabel aus weiter
bogenförmig nach links oben.
Dabei strecken Sie wieder etwas die Beine. Beide Beine
sind eng miteinander verbunden. Die Knie sind immer noch
leicht gebeugt.

Bringen Sie Becken, Oberkörper und Kopf wieder zur Mitte.
Führen Sie die Hände bogenförmig von der linken Seite
wieder zur Mittellinie des Körpers, so dass sich die
Handgelenke vor dem Hals (*Tiantu*-Punkt, *Ren*-Leitbahn 22)
befinden. Die linke Hand liegt über der rechten Hand. Die
Fingerspitzen zeigen schräg nach rechts oben.
Die Beine sind nur noch leicht gebeugt. Beide Beine sind
nach wie vor eng miteinander verbunden. Der zweite Kreis
wird dadurch geschlossen.

Der sechste Halbkreis:

Schieben Sie das Becken zur linken Seite und neigen Sie
Oberkörper und Kopf nach rechts. Führen Sie die Hände
vom Hals aus bogenförmig nach rechts oben. In dieser
Position sind die Beine gestreckt. Beide Beine sind eng
miteinander verbunden.

Bringen Sie Becken, Oberkörper und Kopf wieder zur Mitte.
Führen Sie die Hände bogenförmig in Richtung der
Scheitellinie des Kopfs und weiter über den Kopf hinaus, so
dass die Fingerspitzen nach oben weisen. Gleichzeitig
heben Sie die Fersen an. Beide Beine sind nach wie vor eng
miteinander verbunden. Der dritte Kreis ist nun
geschlossen.
Der erste Durchgang auf der linken Seite endet hier.
Anschließend wiederholen Sie diesen Durchgang noch 2-
mal.

Abwärtsbewegung auf der rechten Seite

Nachdem der dritte Durchgang beendet ist, stehen Sie in der Position, in der die Fersen vom Boden gelöst sind und die Hände sich über dem Kopf befinden.

Führen Sie nun die Bewegung beginnend zur rechten Seite aus. Die Bewegungsausführung auf der rechten Seite ist identisch mit der Bewegungsausführung auf der linken Seite - nur eben in spiegelverkehrter Richtung. Die Übung auf der rechten Seite wird ebenfalls 3-mal wiederholt.

Abschluss

Nachdem der dritte Durchgang auf der rechten Seite
beendet ist, öffnen Sie die über dem Kopf
zusammengelegten Hände. Die Finger sind leicht gebeugt
und gespreizt, so als ob Sie einen großen *Qi*-Ball umarmen
würden. Dann neigen Sie den Oberkörper und beide Arme
nach rechts. Die Fersen bleiben nach wie vor angehoben.

Richten Sie Oberkörper und Arme wieder auf und kehren Sie zur Ausgangsposition zurück.

Danach neigen Sie den Oberkörper und beide Arme nach links. Lassen Sie dabei die Fersen langsam zu Boden sinken.

Anschließend legen Sie beide Handflächen vor der Stirn (*Yintang*-Punkt, Extrapunkt 2) wieder aneinander.

Mit dem Einatmen führen Sie die Hände über den Kopf und
heben gleichzeitig die Fersen an.

Nachdem Sie den höchsten Punkt erreicht haben, lassen Sie die Fersen wieder mit der Ausatmung zu Boden sinken. Gleichzeitig sinken beide Hände zunächst bis zum Brustbein (*Tanzhong*-Punkt, *Ren*-Leitbahn 17). Dann drehen Sie die Fingerspitzen wieder nach unten und führen die Hände abwärts bis zum Unterbauch (*Zhongji*-Punkt, *Ren*-Leitbahn 3).

Vor dem Unterbauch trennen Sie die Hände und legen diese
wieder seitlich an die Oberschenkel.

Öffnen Sie die Fußspitzen etwas nach außen und atmen Sie 1-mal ein und aus.

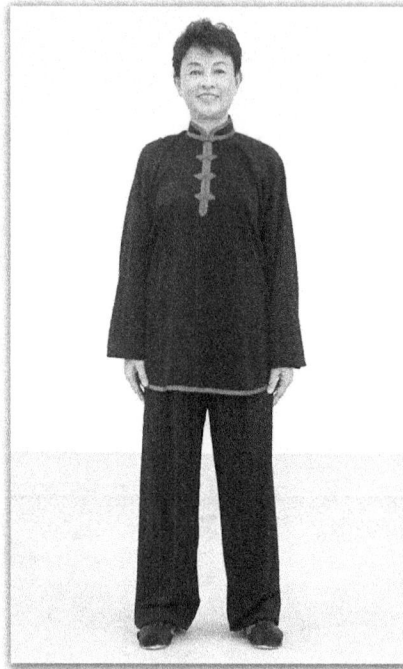

Zum Schluss setzen Sie den linken Fuß zur Seite und
kommen zur Ausgangsposition zurück.

Theorie und Wirkung

- **Fett verbrennen, Gewicht reduzieren:** Übergewicht kann durch Unterfunktion der Schilddrüse und eine gestörte Produktion der Geschlechtshormone verursacht werden. „Der kleine Drache macht einen Frühlingsausflug" zielt bewusst darauf ab, das endokrine System, bzw. die Geschlechtsdrüsen zu regulieren und die Produktion der Geschlechtshormone anzuregen. Darüber hinaus können Aufmerksamkeitslenkung und Bewegungsausführung das endokrine System gegenläufig regulieren und ausgleichen (Übergewichtige können abnehmen, Untergewichtige können hingegen zunehmen). Die intensiven Bewegungen in Gesäß- und Hüftbereiche können zu lokaler Fettverbrennung führen. Die innere Hormonumstellung und die äußeren Bewegungen können zur Gewichtsreduzierung beitragen.

- **Leitbahnen durchgängig machen und *Qi* und Blut frei fließen lassen:** In dieser Übung erfahren alle Körperteile - unter anderem Rumpf, Extremitäten, Schultern, Brust, Rücken, Bauch und Gesäß - schlängelnde und kreisende Bewegungen. Derartige runde und geschmeidige Bewegungen machen die Leitbahnen durchgängig, stellen den *Yin-Yang*-Ausgleich her und begünstigen den *Qi*-Fluss. Dies hat zur Folge, dass *Qi* und Blut bei den *Qigong*-Übenden gleichzeitig genährt werden und die Durchblutung angeregt wird.

- **Günstige Bewegungen für die Wirbelsäule und die Gelenke:** Die Wirbelsäule - bestehend aus Knochen, Knorpel, Muskeln und Sehnen - hält den Körper aufrecht. Mit zunehmendem Alter treten degenerative Erkrankungen der Wirbelsäule häufiger auf. Die S-förmige Bewegung der Wirbelsäule ist bei dieser Übung charakteristisch. Sie wirkt vorbeugend auf Erkrankungen im Bereich Hals-, Brust- und Lendenwirbelsäule, wie z.B. die Versteifung der Wirbelsäule. Darüber hinaus bekommen Bänder, Sehnen und Bandscheiben eine angemessene Bewegung.

- **Sanftes, geschmeidiges Trainieren und die Kondition stärken:** Die elastischen Bewegungen in dieser Übung stärken die Ausdauer und kräftigen den Körper. Elastizität und Kraft der Muskelgruppen werden verbessert. Mikrodurchblutung und Kreislauf werden angeregt. Die Übung kann auch präventiv gegen Osteoporose (Knochenschwund) und degenerative Gelenkbeschwerden wirken.

- **Positive Einstellung und geistige Ruhe fördern die Gesundheit:** Der emotionale Zustand des Menschen hat einen großen Einfluss auf die Gesundheit. Schon vor tausenden Jahren wurde in der Traditionellen Chinesischen Medizin darauf hingewiesen, dass der Geist (die Emotion) bei Langlebigkeit eine führende Rolle spielt. Im Buch „Innerer Klassiker des Gelben Kaisers" (*Neijingsuwen*) heißt es: „Das Herz ist der Monarch. Er ist für die Verantwortung gegenüber den Dingen da." und „Wenn der Monarch einen klaren Geist besitzt, genießen alle seinen Untertanen die Ruhe. Wenn man das Leben nach dieser Regel pflegt, bedeutet das ein langes Leben." Weiter steht im *„Neijingsuwen"* geschrieben, dass das Herz der Monarch der *Zangfu*-Organe ist und aus ihm der Geist (*Shen*) entspringt. „Trauer, Sorgen und Depression führen zur Herzunruhe. Die Herzunruhe bringt wiederum die *Zangfu*-Organe ins Schwanken." Der heutige Lebensstil der meisten Menschen ist von einem hektischen Rhythmus geprägt. Auf die Dauer können Stress, Druck und Hektik verschiedene Erkrankungen verursachen. Wenn Sie regelmäßig 2-mal täglich *Huichungong* üben, dadurch in kurzer Zeit abschalten und sich in einen entspannten, ruhigen und behaglichen Gemütszustand versetzen, wirkt sich das sehr günstig auf die Beruhigung des Geistes und somit auf Ihre Gesundheit aus.

- **Die Indikationsbereiche der Drachenübung sind folgende:** Nervenschwäche (Neurasthenie), Schlaflosigkeit, Vergesslichkeit, Verdauungsstörungen, chronische Magenerkrankungen, Fettleibigkeit, Arthritis (Gelenkentzündungen), Periarthritis (Entzündungen von Sehnen und Bändern), Lendenschmerzen,

Prostatavergrößerung, Regelstörungen und gestörte Libido-funktion.

Merkmale und was es zu beachten gilt

- Es wird empfohlen, sich vor der Übung mit der Abbildung des Bewegungsverlaufs vertraut zu machen, so dass man ein klares Bild dieser Bewegungsausführung hat.

- Von der Anfangsposition bis zur letzten Wiederholung auf der rechten Seite sollen beide Handflächen aneinander liegen, so dass *Yin* und *Yang* im Körper über die *Laogong*-Punkte besser vereinigt werden.

- Während der Übung sollen beide Beine und Füße geschlossen bleiben. Insbesondere werden dadurch die Geschlechtsdrüsen angeregt und die Beine gekräftigt. Wenn Sie Schwierigkeiten haben, die Beine eng aneinanderzulegen, können Sie bei der Abwärtsbewegung das Gesäß leicht nach hinten anheben. Dadurch fällt es Ihnen leichter, die Beine möglichst eng zusammen zu halten.

- Sowohl bei der Aufwärts-, als auch bei der Abwärtsbewegung sollten die drei halbkreisförmigen Bewegungen ungefähr gleich groß sein.

- Achten Sie auf die Koordination von Oberkörper und den unteren Extremitäten. Der Körper beschreibt eine S-förmige Bewegung. Diese Bewegung soll sanft, fließend und natürlich ausgeführt werden.

- Verlagern Sie das Körpergewicht etwas mehr auf die Fußballen als auf die Fersen. Die Kniegelenke sollten dabei locker bleiben. Der Körper sollte weder nach vorne, noch nach hinten gebeugt werden. Ferner sollen die Bewegungen fließend ausgeführt werden.

- Die Intensität der Bewegung soll dem individuellen Zustand jedes Einzelnen angepasst werden. In der Anfangsphase kann die Übung in kleinem Bewegungsumfang ausgeführt werden und die Beckenbewegung darf eher kleiner ausfallen. Ältere und geschwächte Menschen sollten mehr auf das regelmäßige und angemessene Üben achten. Mit steigendem Niveau kann die Intensität dann erhöht werden.

- Während der gesamten Übung atmen Sie natürlich. Halten Sie niemals die Luft an.

- Die Übung kann gezielt therapeutisch angewendet werden. Bei Bluthochdruck sollten die Aufwärtsbewegungen schneller als die Abwärtsbewegungen ausgeführt werden. Mit der Abwärtsbewegung sollten Sie Ihren Körper bewusst entspannen. Bei niedrigem Blutdruck hingegen sollten die Abwärtsbewegungen schneller als die Aufwärtsbewegungen ausgeführt werden. Hierdurch kann eine bessere medizinische Wirkung erzielt werden.

- Um einen größeren Effekt zu erlangen, arbeiten Sie mit positiven Vorstellungsbildern. Lenken Sie Ihre Aufmerksamkeit auf die *Laogong*-Punkte. Dabei stellen sie sich vor, selbst ein beweglicher und flinker Drache zu sein. Arbeiten mit positiven Gedanken zählt zur traditionellen und wirksamen Übungsmethode der *Huashan-Schule*.

Geschichte zur Drachenübung

Einer Legende nach lebte vor langer Zeit in China ein junges Mädchen. Das Mädchen hatte ein hübsches Gesicht, war aber eher pummelig. Obwohl sie sich bereits im Heiratsalter befand, hatte sie wegen ihrer rundlichen Figur immer noch keinen Mann fürs Leben gefunden und ihre Eltern machten sich große Sorgen um ihre Tochter. So hatten sie sich einiges einfallen lassen, um der Tochter beim Abnehmen zu helfen. Aber leider scheiterten alle Methoden und das

Mädchen nahm weiter zu. Folglich waren die Eltern und das Mädchen frustriert und unglücklich.

Eines Abends hatten sie sich gestritten und das Mädchen lief traurig und voller Verzweiflung von Zuhause fort, während seine Eltern schliefen. Einsam und unglücklich ging das Mädchen bei Mondschein den Fluss entlang. Es wollte seinem Leben ein Ende setzen.

Plötzlich wurde es auf etwas Goldenes, Schimmerndes aufmerksam, das sich im Fluss bewegte. Bei genauerer Beobachtung stellte sie fest, dass es sich um einen kleinen goldfarbenen Drachen handelte. Der kleine Drache war in zwei Hälften geteilt, lebt jedoch noch und konnte sich noch im Wasser bewegen.

Der verletzte Drache tat dem Mädchen so leid, dass es für einen kurzen Moment seine eigenen Sorgen vergaß. Es versuchte vorsichtig, die beiden Hälften des verwundeten Drachen zu verbinden und die Wunde sanft zu massieren. Nach einiger Zeit gelangte der Drache zu Bewusstsein und begann langsam zu schwimmen.

Nachdem das Mädchen den Drachen gerettet hatte, wollte es seinem Leben trotzdem ein Ende setzen und sprang ins Wasser. Aber wie durch ein Wunder: Es sank nicht unter die Wasseroberfläche, sondern das Wasser trug es.

Nach diesem gescheiterten Versuch wollte es nicht nach Hause, sondern suchte Zuflucht bei einer seiner Tanten, die als Nonne in einem Kloster lebte. Voller Müdigkeit ging es direkt nach der Ankunft im Kloster ins Bett und schlief ein.

Im Traum sah es den Drachenkaiser und seine Tochter, die Prinzessin, die lächelnd auf sie zukamen. Das Mädchen sah die Schönheit und die gute Figur der Prinzessin und fühlte sich beschämt und niedergeschlagen. Die Prinzessin stellte sich jedoch vor es, verbeugte sich und behauptete, dass das Mädchen ihre Retterin sei. Diese Situation verwirrte das Mädchen sehr. Daraufhin erzählte der Drachenkaiser ihm, dass seine Tochter der kleine goldfarbene Drache gewesen sei, der von einem Dämon verletzt und eben glücklicherweise von dem Mädchen gerettet worden war. Um dem Mädchen dafür zu danken, waren sie extra gekommen, um ihm eine geheime Methode beizubringen. Sie versprachen ihm eine schlanke Figur, wenn es diese Übung regelmäßig ausführen würde.

Voller Freude konnte das Mädchen es kaum noch erwarten und mit Elan und hoher Konzentration lernte das Mädchen die Übung von der Prinzessin. Am Ende sagte die Prinzessin zu dem Mädchen, es solle die Übung jeweils morgens und abends ausführen. Ganz wichtig war, dass es während der Übung fröhlich bleiben und ein Lächeln im Gesicht bewahren sollte. Der Drachenkaiser verriet ihm noch jenen Tipp, dass es sich während der Übung vorstellen sollte, selbst eine gesunde und schlanke Figur wie die Prinzessin zu besitzen. Das alles hatte sich das Mädchen eingeprägt und es wollte sich gerade dafür bedanken, da verschwanden der Drachenkaiser und seine Tochter plötzlich vor seinen Augen. In dem Moment erwachte es aus dem Schlaf und dachte, dass es ein schöner Traum gewesen sei.

Am nächsten Morgen jedoch fing das Mädchen mit der Übung an und nach einiger Zeit hatte es durch regelmäßiges Üben viel Gewicht verloren und war schlank geworden.

Eines Tages, während es übte, wurde sie von einem Leoparden angegriffen. In dieser Notsituation kam ein junger Mann, der gerade unterwegs war, um Brennholz zu suchen, und rettete es vor dem Leoparden.

Danach verliebten sich die beiden ineinander und kurz darauf gründeten sie gemeinsam eine Familie. Seitdem führten sie ein glückliches Leben.

Die Tante staunte sehr über die Veränderung des Mädchens. Nach mehrmaliger Nachfrage erzählte das Mädchen ihr dann doch von seinem Traum und zeigte ihr ausführlich die Übung. Fasziniert von dieser Übung und der Geschichte begann die Tante, sich mit der Übung zu befassen. Nach hunderttätigem Praktizieren wurde die Nonne wesentlich jünger und vitaler. Sie hatte das Wesentliche der Übung verstanden und so entstand die Übung des schwimmenden Drachen. Das Ausschlaggebende bei der Übung ist: An die schöne Jugendzeit zu denken und ein Lächeln im Gesicht zu tragen.

Übung 6: Der Sagenvogel schwebt in großer Höhe

In der chinesischen Mythologie ist der Sagenvogel *Peng* der größte Vogel der Welt. Der daoistische Philosoph *Zhuang Zi* hat den Vogel *Peng* in seinem Buch so beschrieben: „Wenn der Vogel *Peng* nach Süden zum Meer zieht und ins Wasser taucht, kann er dreitausend Meilen schwimmen. Fliegt er am Himmel, kann er neunzigtausend Meilen Höhe erreichen."

Die Daoisten und Mönche schätzten diese außergewöhnlichen Fähigkeiten des Sagenvogels *Peng* sehr, so dass sie versuchten, seine typischen Eigenschaft abzuleiten und seine charakteristischen Bewegungen nachzuahmen. Mit der Zeit entstand dadurch diese Imitationsübung. Die Übung wird auch kurz „Die Übung des Sagenvogels" genannt.

Xujing-Atmung: Ein- und Ausatmen in Ruhe

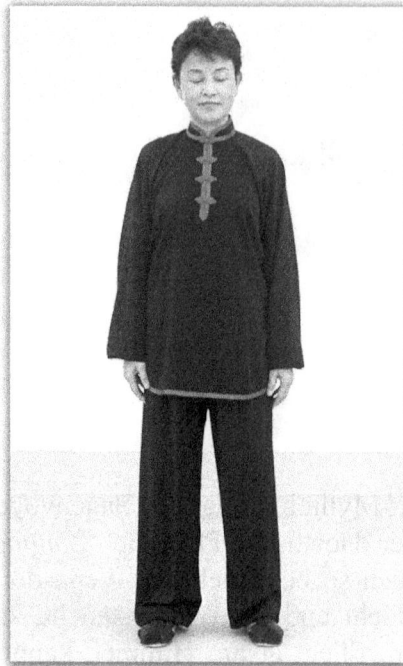

Stehen Sie in schulterbreiter Fußhaltung mit dem Gesicht
Richtung Süden. Legen Sie beide Hände seitlich an die
Oberschenkel, so dass die *Zhongchong*-Punkte (Herzbeutel-
Leitbahn 9) auf den Mittelfingern dabei sanft die *Fengshi*-
Punkte (Gallenblasen-Leitbahn 31) an den Oberschenkeln
berühren. Der gesamte Körper ist locker und entspannt.
Kopf und Wirbelsäule sind aufgerichtet. Schließen Sie
sanft den Mund und ziehen Sie das Kinn ein wenig zurück.
Dabei richten Sie Ihren Blick nach innen. Atmen Sie 1-mal
ein und aus.

Ausgangsposition

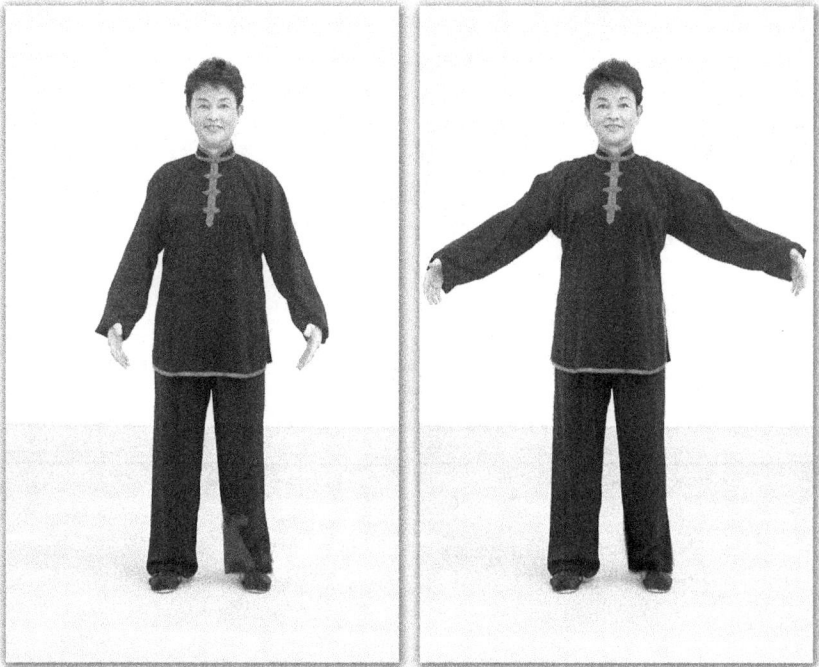

Heben Sie beide Hände zuerst seitlich an. Die Handflächen (*Laogong*-Punkt, Herzbeutel-Leitbahn 8) zeigen zueinander.

Wenn die Hände nahezu auf Schulterhöhe sind, drehen Sie die Handflächen nach oben. Die Ellbogen bleiben leicht gebeugt.

Anschließend verlagern Sie das Körpergewicht auf das rechte Bein und drehen Rumpf und Kopf nach rechts. Gleichzeitig führen Sie die rechte Hand auf Stirnhöhe und die linke Hand vor das Schambein. In dieser Position stehen beide Hände übereinander und die Handflächen zeigen zueinander. Der linke Fuß steht auf dem Fußballen. Die Oberschenkel berühren sich.

Fliegen auf der linken Seite

Beugen Sie das rechte Knie und lassen Sie gleichzeitig die rechte Hand bis auf Brusthöhe (*Tanzhong-Punkt, Ren-Leitbahn 17*) absinken.

Danach drehen Sie Kopf und Rumpf nach links. Ihr
Körpergewicht ruht weiterhin auf dem rechten Bein.

Blicken Sie nach links und setzen Sie anschließend den
linken Fuß einen kleinen Schritt nach links. Die Handflächen
zeigen nach wie vor zueinander, so dass es aussieht, als ob
beide Hände ein Ball halten würden.

Verlagern Sie langsam das Körpergewicht auf das linke
Bein und drehen dabei den imaginären Ball, so dass sich
beide Hände auf gleicher Höhe befinden.

Wenn das Körpergewicht auf dem linken Fuß ruht, drehen
Sie den Rumpf und den rechten Fuß weiter nach links.
Dieser steht dann auf dem Fußballen. Strecken Sie das
rechte Bein und den Rumpf und massieren Sie dabei sanft
den Schrittbereich. Währenddessen führen Sie die Hände
weiter nach oben, wobei Sie den imaginären Ball weiter
drehen, bis sich die linke Hand über der rechten befindet.

Danach drehen Sie den Kopf nach Süden und blicken in die Ferne.

Fliegen auf der rechten Seite

Beginnen Sie, den Rumpf wieder langsam nach rechts zu drehen. Drehen Sie den rechten Fuß wieder zurück in die Ausgangsposition (nach Südwesten). Gleichzeitig lassen Sie die Schultern und Arme sinken.

Verlagern Sie das Körpergewicht in einer fließenden
Bewegung kurzzeitig auf beide Füße und drehen Sie den
imaginären Ball, so dass sich beide Hände auf gleicher Höhe
befinden.

Durch weitere Verlagerung des Körpergewichts bringen Sie
dieses auf den rechten Fuß. Drehen Sie dabei den Rumpf
und den linken Fuß weiter nach rechts. Der linke Fuß steht
nun auf dem Fußballen. Gleichzeitig drehen Sie den
imaginären Ball ein Stück weiter.

Strecken Sie das linke Bein und den Rumpf. Dabei werden
die Oberschenkel leicht aneinander gedrückt.
Währenddessen führen Sie die Hände weiter nach oben,
wobei Sie den imaginären Ball weiter drehen, so dass sich
die rechte Hand über der linken befindet.

Danach drehen Sie den Kopf nach Süden und blicken in die Ferne.

Führen Sie die Bewegung erneut nach links aus. Beginnen Sie damit, den Rumpf wieder langsam nach links zu drehen. Drehen Sie den linken Fuß wieder zurück in die Ausgangsposition. Gleichzeitig lassen Sie die Schultern und Arme sinken.

Insgesamt wird die Übung jeweils 4-mal auf beiden Seiten wiederholt.

Abschluss

Nach der letzten Wiederholung auf der rechten Seite
lassen Sie beide Arme wieder sinken und drehen den Rumpf
langsam zur Mitte. Der linke Fuß wird wieder vollständig
aufgesetzt.

Verlagern Sie Ihr Körpergewicht auf das linke Bein. Dabei führen Sie die linke Hand auf Schulterhöhe nach links.

Breiten Sie die Arme aus und drehen Sie abschließend die linke Handfläche nach unten. Blicken Sie nach vorne.

Dann verlagern Sie das Gewicht auf das rechte Bein und lassen dabei langsam die Arme sinken. Die Handflächen zeigen zueinander.

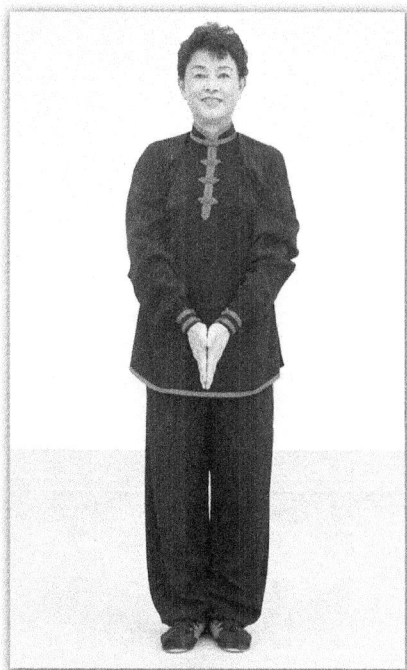

Abschließend setzen Sie den linken Fuß an den rechten und legen beide Handflächen vor dem Schambein aneinander.

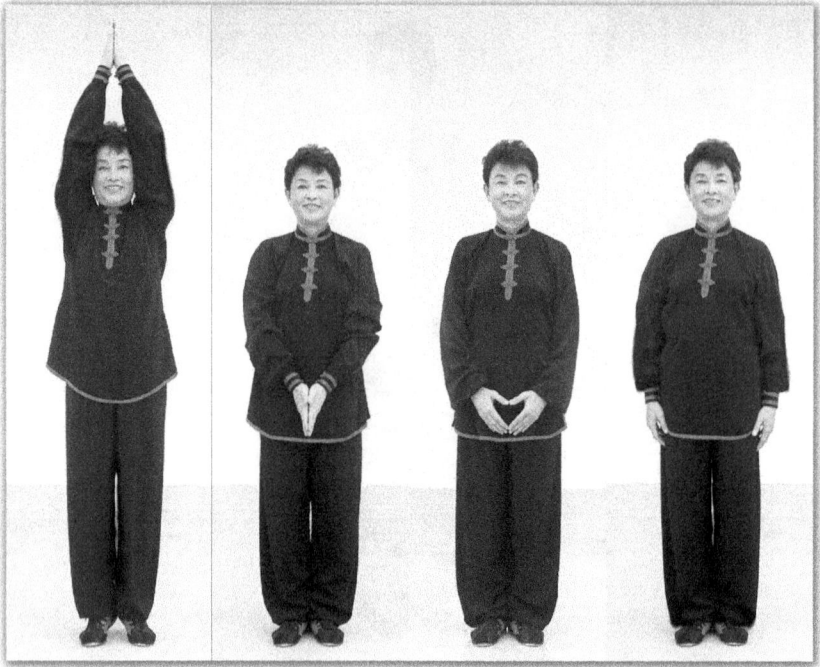

Führen Sie dann wieder den Abschluss aus.

138

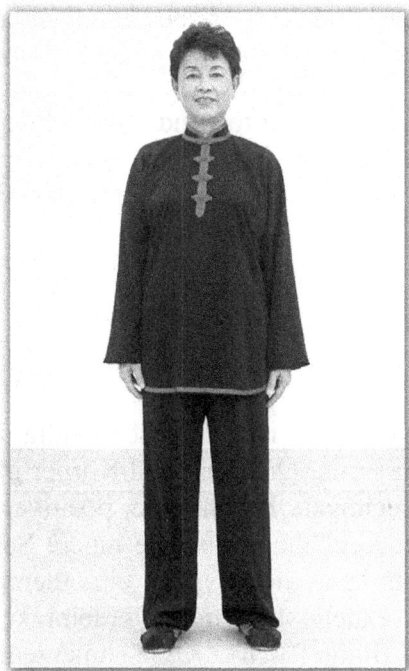

Zum Schluss setzen Sie den linken Fuß zur Seite und kehren zur Ausgangsposition zurück.

Anmerkungen

In der Anfangsphase atmen Sie natürlich. Wenn Sie sich später mit der Übung sicherer fühlen, kombinieren Sie die Bewegungsausführung mit der Atmung. Bei Aufwärtsbewegungen der Arme atmen Sie ein, bei Abwärtsbewegung der Arme atmen Sie aus.

Verwenden Sie bei der Übung folgende Vorstellungsbilder: Sie selbst sind dieser Sagenvogel und fliegen am blauen Himmel. Die weißen Wolken ziehen an Ihnen vorüber und Sie fühlen sich frei, leicht und glücklich.

Theorie und Wirkung

Die Übung des Sagenvogels ist eine geschmeidige und sanfte Imitationsübung, bei der Essenz, *Qi*, Geist und Körper gleichzeitig trainiert werden. Die Bewegungen haben eine positive Wirkung auf die Durchlässigkeit der Leitbahnen und die innere Sekretion. Bei regelmäßiger Ausführung kann diese Übung eine therapeutische Wirkung auf eine gestörte sexuelle Funktion, Fettleibigkeit, Arteriosklerose (Ablagerungen in Blutgefäßen), Kopfschmerzen, Nervenschwäche (Neurasthenie), chronische Magen-Darm-Beschwerden, degenerative Erkrankungen der Wirbelsäule und Ischias-Beschwerden haben. Darüber hinaus fördert die Übung bei Jugendlichen ein gesundes Wachstum.

Merkmale und was es zu beachten gilt

- Achten Sie auf die Handhaltung. Handflächen und Finger bleiben natürlich gebeugt. Die beiden *Laogong*-Punkte (Herzbeutel-Leitbahn 8) in den Handflächen zeigen während der gesamten Übung zueinander. Behalten Sie den Abstand zwischen beiden Händen bei. Entspannen Sie Handgelenke, Ellbogen und Schultergelenke, so dass die Drei-Hand-*Yin*-Leitbahnen (Lungen-, Herzbeutel- und Herz-Leitbahn) und die Drei-Hand-*Yang*-Leitbahnen (Dickdarm-, Dreifacher Erwärmer- und Dünndarm-Leitbahn) durchgängig gemacht werden. Die Bewegung der Arme ähnelt einer liegenden 8.

- Die unteren Extremitäten werden bei dieser Übung intensiv trainiert. Beachten Sie die Entspannung der Fuß-, Knie- und Hüftgelenke, so dass die Drei-Fuß-*Yin*-Leitbahnen (Nieren-, Milz- und Leber-Leitbahn) und die Drei-Fuß-*Yang*-Leitbahnen (Magen-, Gallenblasen- und Blasen-Leitbahn) besser durchgängig gemacht werden. Gleichzeitig reiben Sie die Innenseiten der Oberschenkel sanft gegeneinander, so dass der Bereich der Geschlechtsdrüsen eine angenehme Massage bekommt.

- Entspannen Sie bewusst den gesamten Körper. Achten Sie bei der Bewegungsausführung auf die Koordination zwischen den vier Extremitäten, Rumpf, Kopf und der Blickführung. Die Bewegungen sollten langsam und fließend ausgeführt werden. Abhängig von der individuellen Konstitution kann diese Übung in drei unterschiedlichen Höhen ausgeführt werden.

Übung 7: Das goldige Kind bewegt den Körper geschmeidig

Die daoistischen gesundheitspflegenden Übungen zeichnen sich durch Geschmeidigkeit und Sanftheit der Bewegung aus. Der Philosoph *Lao Zi* schreibt: „Das Sanfteste unter dem Himmel besiegt das Härteste auf der Erde." Sanftheit kann Härte bewältigen. Wasser ist geschmeidig und wandlungsfähig, besitzt jedoch endlose Kraft. Weiterhin schreibt *Lao Zi*: „Der lebendige Körper ist weich und sanft, der tote dagegen ist steif und hart." Sanftheit und Geschmeidigkeit symbolisieren Aufschwung; Steifheit und Härte versinnbildlichen hingegen den Verfall. Sanftheit und Geschmeidigkeit werden ebenfalls im *Huichungong* hoch geschätzt. Diese Übung ist ein typisches Beispiel für dieses Prinzip.

Xujing-Atmung: Ein- und Ausatmen in Ruhe

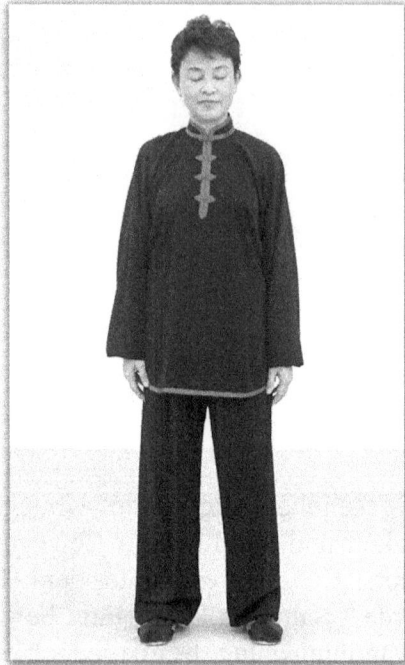

Stehen Sie in schulterbreiter Fußhaltung mit dem Gesicht
Richtung Süden. Legen Sie beide Hände seitlich an die
Oberschenkel, so dass die *Zhongchong*-Punkte (Herzbeutel-
Leitbahn 9) auf den Mittelfingern dabei sanft die *Fengshi*-
Punkte (Gallenblasen-Leitbahn 31) an den Oberschenkeln
berühren. Der gesamte Körper ist locker und entspannt.
Kopf und Wirbelsäule sind aufgerichtet. Schließen Sie
sanft den Mund und ziehen Sie das Kinn ein wenig zurück.
Dabei richten Sie Ihren Blick nach innen. Atmen Sie 1-mal
ein und aus.

Sanft nach links drehen

Sinken Sie zuerst und verlagern Sie dann das Gewicht auf
das linke Bein. Gleichzeitig dreht der Rumpf nach links, das
Becken kippt rechts nach unten. Die linke Schulter kreist
dabei nach vorne oben, während die rechte Schulter locker
hängen bleibt. Der rechte Fuß dreht auf dem Vorderfuß, so
dass sich die Oberschenkel innen berühren. Arme,
Handgelenke und Finger bleiben locker. Die Arme hängen
seitlich und werden mit der Rumpfdrehung mitgenommen.
Aus der hebenden Bewegung der linken Schulter entsteht
die anschließende Bewegung des linken Armes. Die linke
Hand wird locker entspannt an der Taille vorbeigeführt.

Mit einem Lächeln im Gesicht halten Sie den Kopf
aufgerichtet und blicken geradeaus.

Wenn die rechte Schulter nach vorne (Richtung Süden) zeigt, lassen Sie die rechte Hand locker vor dem Schritt hängen, wobei die Handfläche zum Körper weist. Gleichzeitig lassen Sie die linke Schulter nach hinten unten kreisen und massieren mit dem linken Handrücken den unteren Rücken bis zum Steißbein hinunter.

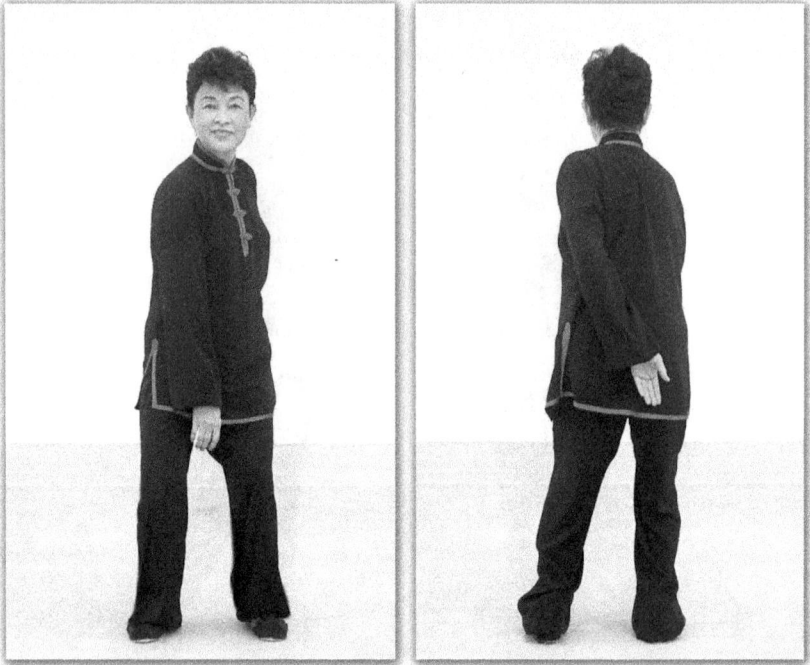

Drehen Sie den Rumpf langsam wieder zurück zur Mitte.

Sanft nach rechts drehen

Verlagern Sie anschließend das Körpergewicht langsam auf das rechte Bein. Beginnen Sie mit der Rumpfdrehung nach rechts und kreisen Sie dabei mit der rechten Schulter zuerst nach oben hinten. Lassen Sie gleichzeitig die linke Schulter nach vorne sinken. Zeitgleich drehen Sie den linken Fuß auf dem Vorderfuß, so dass sich die Innenseiten der beiden Oberschenkel berühren. Beide Arme sowie Handgelenke und Finger bleiben locker. Die Arme hängen seitlich am Körper und werden nur mit der Rumpfdrehung mitgenommen. Mit einem Lächeln im Gesicht halten Sie den Kopf aufgerichtet und blicken geradeaus.

Wenn die linke Schulter nach vorne (Richtung Süden) zeigt,
lassen Sie die linke Hand locker vor dem Schritt hängen,
wobei die Handfläche zum Körper weist. Gleichzeitig lassen
Sie die rechte Schulter nach hinten unten kreisen und
massieren mit dem rechten Handrücken den unteren
Rücken bis zum Steißbein hinunter.

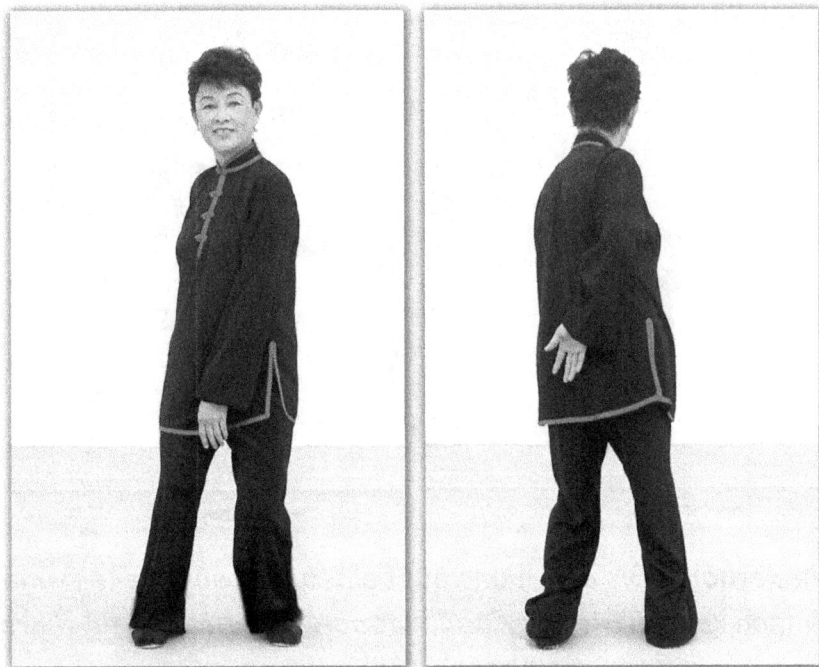

Drehen Sie den Rumpf langsam wieder zurück zur Mitte.

Wiederholen Sie die Übung auf beiden Seiten jeweils 8-mal.
Danach kehren Sie zur Ausgangsposition zurück und führen
die Abschlussübung aus.

Anmerkungen

Atmen Sie während der gesamten Übung natürlich. Verwenden Sie dabei positive Vorstellungsbilder aus der Jugend. In Ihrer Vorstellung wird der Körper mit *Jing-Qi* gefüllt.

Theorie und Wirkung

- **Leitbahnen durchgängig machen, Durchblutung anregen:** Bei dieser Übung werden die vier Extremitäten sowie Schulter-, Nacken-, Brust-, Bauch- und Lendenbereich sanft bewegt, was eine positive Wirkung auf die zwölf regulären Leitbahnen und die acht Sonderleitbahnen ausübt. Dies hat zur Folge, dass das Ursprungs-*Qi* (*Yuan-Qi*) gepflegt und gestärkt, die Durchblutung angeregt und die Konstitution gestärkt werden kann.

- **Sehnen und Bänder dehnen und Gelenke lockern:** In einem entspannten Zustand werden die Wirbelsäule sowie Schulter-, Ellbogen-, Hand-, Hüft-, Knie- und Fuß-Gelenke sanft und elastisch bewegt. Gleichzeitig werden auch Sehnen und Bänder gedehnt. Die sanften Bewegungen können Gelenkentzündungen, Osteochondrose (degenerative Erkrankung von Knochen und Knorpel) sowie degenerativen Verschleißerscheinung des Bewegungsapparates vorbeugen.

- ***Zangfu*-Organe harmonisieren und Milz-Magen-Funktion stärken:** Durch die kreisenden Bewegungen der Schulter und die Drehung des Rumpfes erhalten die inneren Organe eine Selbstmassage. Die Magen-Darm-Bewegungen werden dadurch gefördert, Verdauungsfunktion und Stoffwechsel können verbessert werden.

- **Das Nieren-*Qi* stärken, das Altwerden verzögern:** Die sanften, kreisenden Bewegungen und die Drehung stimulieren die endokrinen Drüsen und regen das Nieren-*Qi* an, so dass die

Produktion der Essenz angeregt und der Prozess des Altwerdens dadurch verlangsamt werden kann.

Merkmale und was es zu beachten gilt

* Bei der Drehung neigen Sie den Rumpf leicht nach vorne. Achten Sie darauf, dass der Körper locker und entspannt bleibt. Dabei verlagern Sie das Körpergewicht auf das Standbein, und zwar mehr auf den Vorderfuß.

* Während der Rumpfdrehung sollte die Atmung sanft, langsam, gleichmäßig und natürlich sein.

* Der jeweilige Impuls der Körperdrehung kommt aus dem Lenden- und Beckenbereich. Die rollende Bewegung der Schulter wird von der Rumpfdrehung hervorgerufen. Der Unterbauch soll dabei gedehnt werden, so dass die fünf *Zang*- und sechs *Fu*-Organe eine wohltuende Massage erhalten und das Endokrine System reguliert werden kann. Achten Sie bei der Rumpfdrehung darauf, dass der Kopf-Nacken-Bereich entspannt bleibt. Der Kopf soll sich nicht mit dem Rumpf drehen, da nur dadurch Schulter-Nacken-Muskulatur und Halsschlagader eine positive Bewegung und dadurch eine Massage erhalten. Richten Sie Ihren Blick also geradeaus.

* Sanftheit wird bei dieser Übung groß geschrieben. Ein Zitat aus dem Buch von *Lao Zi*: „Kannst du deine Kraft vereinen und die Sanftheit erreichen, so dass du wie ein Kleinkind wirst?" Wir können zwar die Weichheit von kleinen Kindern nicht mehr erreichen, aber sollten trotzdem weiter daran arbeiten.

* Die Übung kann in unterschiedlicher Höhe ausgeführt werden. Für ältere Menschen sind höhere Positionen zu empfehlen.

- Durch die sanfte Drehung fördert die Übung Magen- und Darmbewegungen. Dabei können Aufstoßen, Blähungen und Bauchknurren auftreten.

- Verwenden Sie die positiven Vorstellungsbilder aus der Jugend. In der Vorstellung sind Sie ein Kleinkind mit sanften und geschmeidigen Bewegungen.

Übung 8: Die Nieren erwärmen und die Essenz nähren (Übung der Essenz)

In Bezug auf die Erkenntnisse über die Funktion der Nieren und der Essenz vertritt der Daoismus die gleiche Theorie wie die Traditionelle Chinesische Medizin: Dass die Nieren eine besonders große Bedeutung unter den *Zangfu*-Organen haben. Die Nieren speichern das vorgeburtliche und das erworbene *Jing* (Essenz). Sie regieren Geburt, Entwicklung, Reifung und Verfall im Alter. Deshalb werden die Nieren als die „Wurzel des Lebens" bezeichnet. Die charakteristische Eigenschaft und die Besonderheit des *Huichungong* liegen im bewussten Pflegen der Nieren und der Essenz. Dies ist ganz besonders in dieser Übung der Fall.

Xujing-Atmung: In Ruhe ein- und ausatmen

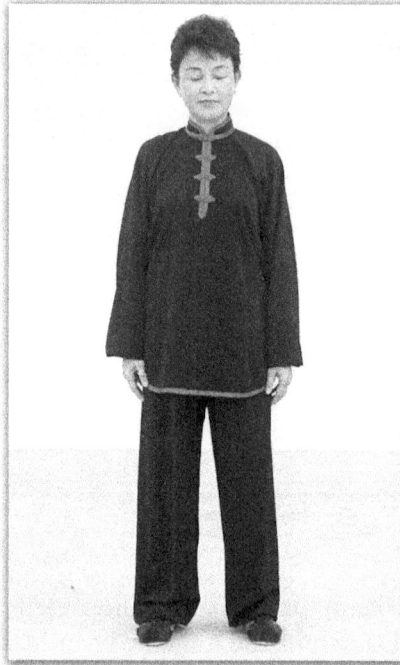

Stehen Sie in schulterbreiter Fußhaltung mit dem Gesicht
Richtung Süden. Legen Sie beide Hände seitlich an die
Oberschenkel, so dass die *Zhongchong*-Punkte (Herzbeutel-
Leitbahn 9) auf den Mittelfingern dabei sanft die *Fengshi*-
Punkte (Gallenblasen-Leitbahn 31) an den Oberschenkeln
berühren. Der gesamte Körper ist locker und entspannt.
Kopf und Wirbelsäule sind aufgerichtet. Schließen Sie
sanft den Mund und ziehen Sie das Kinn ein wenig zurück.
Dabei richten Sie Ihren Blick nach innen. Atmen Sie 1-mal
ein und aus.

Schütteln

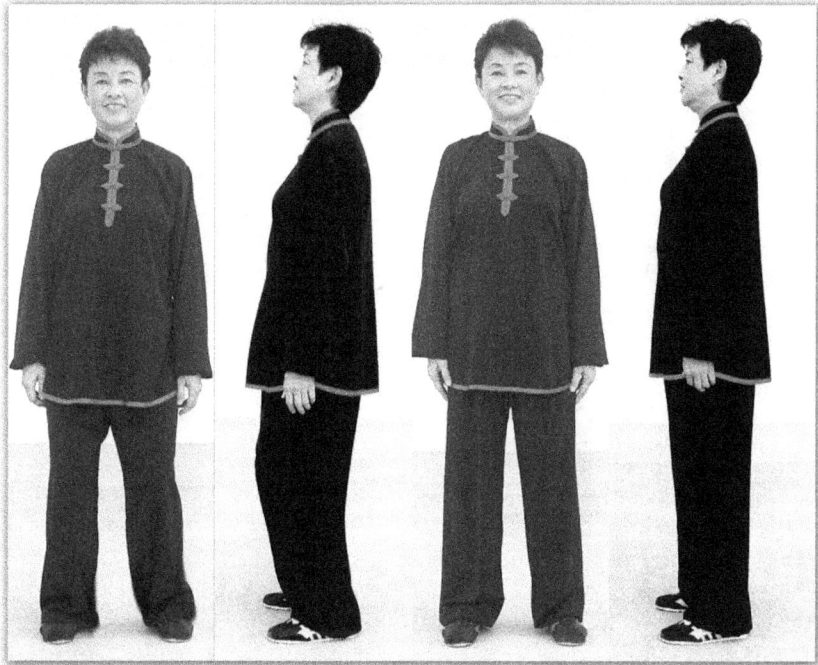

Phase 1: Langsam und sanft beginnen Sie, den Körper 32-mal in der Senkrechten zu schütteln. Der Bewegungsimpuls soll aus dem Bauchbereich kommen. Für diese Übung sollten Sie ungefähr 16 Sekunden benötigen.

Phase 2: Ohne Pause erhöhen Sie anschließend das Tempo und schütteln den Körper weitere 136-mal. Sie sollten dafür ungefähr 45 Sekunden benötigen.

Phase 3: Danach verlangsamen Sie das Tempo wieder und schütteln weitere 32-mal so, dass Sie dafür wieder ungefähr 16 Sekunden benötigen. Allmählich kommen Sie dann zum Stillstand.

Zur Ruhe kommen

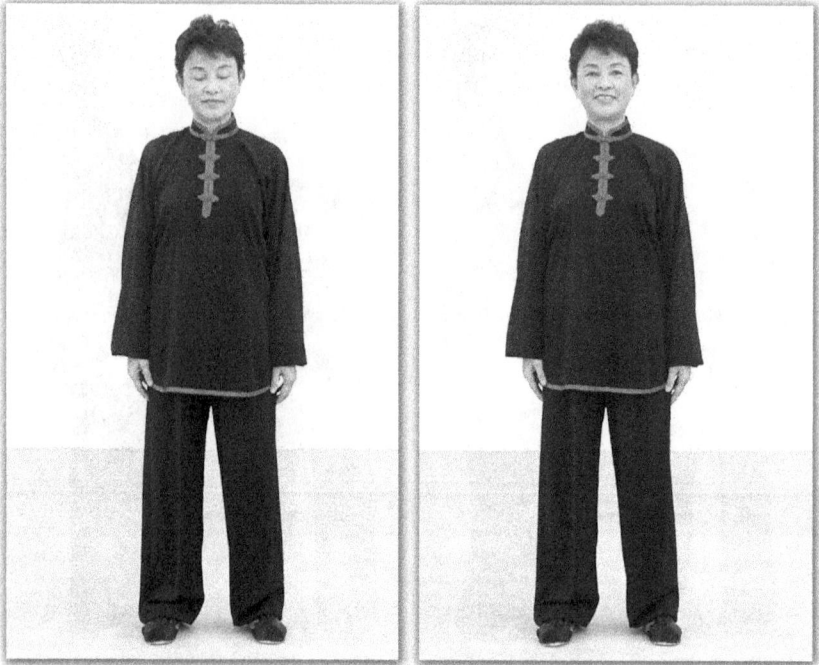

Nach dem Schütteln atmen Sie 3-mal ein und aus und kommen nun zur Ruhe.

Anmerkungen

Während der Übung stellen Sie sich vor, dass Sie sich umso wohler fühlen, je mehr Sie schütteln. Nach dem Schütteln kehren Sie wieder zum entspannten und ruhigen Zustand zurück. Sie fühlen sich voller Energie und behaglich.

Theorie und Wirkung

- **Sehnen und Gelenke lockern:** Während des lockeren und entspannten Schüttelns werden Schulter-, Ellenbogen-, Hand-, Hüft-, Knie- und Fußgelenke sanft und elastisch bewegt. Die gesamte Wirbelsäule mit Bandscheiben und Facettengelenken (kleine Wirbelgelenke) erfährt ebenfalls eine geschmeidige und federnde Bewegung. Eine solche Bewegung begünstigt die Funktion der Gelenke und Bänder und wirkt deshalb vorbeugend gegen Arthritis (Gelenkentzündung) und Osteophyten (gutartige Knochenwucherungen).

- ***Jing-Qi* kultivieren, gewinnen und das Gehirn damit nähren:** Im entspannten Zustand kann *Jing-Qi* durch gezielte Übungen kultiviert, angeregt und anschließend im gesamten Körper verteilt werden. Insbesondere wenn der Unterbauch, der *Huiyin*-Bereich und die Wirbelsäule entspannt sind, kann das vom unteren *Dantian* produzierte *Jing-Qi* die *Du*- und *Ren*-Leitbahn entlang aufwärts steigen, um das Gehirn zu nähren. Dadurch kann die Funktion des Gehirns reguliert und verbessert werden.

- ***Zangfu*-Organe massieren und Magen-Milz-Funktion harmonisieren:** Durch das Schütteln werden die *Zangfu*-Organe im Bereich des Dreifachen Erwärmers vom inneren *Qi* (*Neiqi*) mehrmals massiert. Die Bewegung im Magen-Darm-Trakt wird dadurch gefördert; Verdauung und Stoffwechsel können angeregt werden. Insgesamt wirkt die Übung regulierend und stärkend auf die Funktion der *Zangfu*-Organe.

161

- **Nieren-*Qi* stärken, Gewicht reduzieren:** Die Übung stimuliert sanft die Geschlechtsdrüsen und wirkt regulierend auf die innere Sekretion und die Nierenfunktion. Darüber hinaus kann die Bewegung das Fett im Bauch- und Gesäßbereich verringern und das Gewicht entsprechend reduzieren. Gleichzeitig wird durch das Verteilen des *Jing-Qi* im gesamten Körper die Haut befeuchtet und genährt.

Merkmale und was es zu beachten gilt

- Beachten Sie bitte unbedingt, dass der gesamte Körper von oben nach unten und von innen nach außen entspannt bleibt und Sie geistige Ruhe bewahren, so dass sich die Muskeln beim Schütteln entspannen können.

- Achten Sie auf das Tempo. Führen Sie die Bewegung nicht langsamer als 2-mal in einer Sekunde und nicht schneller als 3-mal in einer Sekunde aus. Ist die Bewegung zu langsam, kann sich die Wirkung nicht vollständig entfalten. Ist die Bewegung zu schnell, geraten die inneren Organe in einen angespannten Zustand und die Wirkung wird verfehlt.

- Achten Sie auf die Intensität der Bewegung. Führen Sie die Bewegung sanft, locker und elegant aus.

- Während des Schüttelns können Sie positive Vorstellungsbilder verwenden. Bei einer chronischen Erkrankung können Sie Ihre Aufmerksamkeit auf die betroffene Stelle richten. Lenken Sie z.B. bei einem Magengeschwür oder Geschwür im Zwölffingerdarm die Aufmerksamkeit auf diese Stellen und denken Sie dabei, dass die betreffenden Stellen besonders entspannt bleiben und ein wohltuendes Gefühl entsteht. Dadurch kann sich eine therapeutische Wirkung einstellen.

- Während des Schüttelns können Phänomene wie z.B. Aufstoßen oder Entweichen von Luft aus Bauch und Darm auftreten.

Dies deutet auf eine gesteigerte Durchlässigkeit für *Qi* hin. Machen Sie sich deshalb keine Gedanken.

Übung 9: Qi fließen lassen und nähren (Übung des Qi)

Qi ist eine feinstoffliche Materie des menschlichen Organismus und bildet die Grundlage für Körper, Geist und die Aktivität der *Zangfu*-Organe. Nach der Übung „Die Nieren erwärmen und die Essenz nähren" folgt „*Qi* fließen lassen und nähren". So kann *Jing* (Essenz) in *Qi* umgewandelt werden.

***Xujing*-Atmung: In Ruhe ein- und ausatmen**

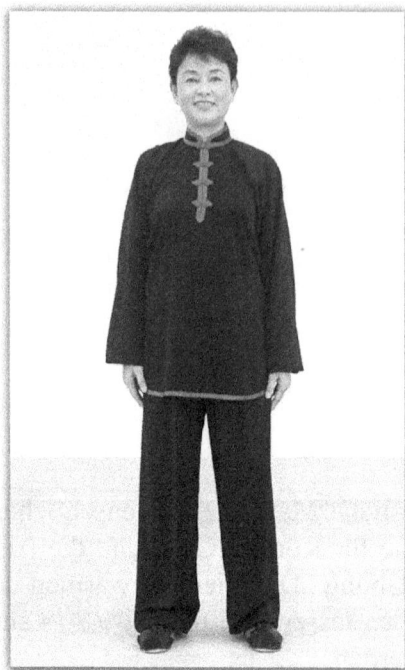

Stehen Sie in schulterbreiter Fußhaltung mit dem Gesicht Richtung Süden. Legen Sie beide Hände seitlich an die Oberschenkel, so dass die *Zhongchong*-Punkte (Herzbeutel-Leitbahn 9) auf den Mittelfingern dabei sanft die *Fengshi*-Punkte (Gallenblasen-Leitbahn 31) an den Oberschenkeln berühren. Der gesamte Körper ist locker und entspannt. Kopf und Wirbelsäule sind aufgerichtet. Schließen Sie sanft den Mund und ziehen Sie das Kinn ein wenig zurück, dabei richten Sie Ihren Blick nach innen. Atmen Sie 1-mal ein und aus.

Hand- und Armbewegung

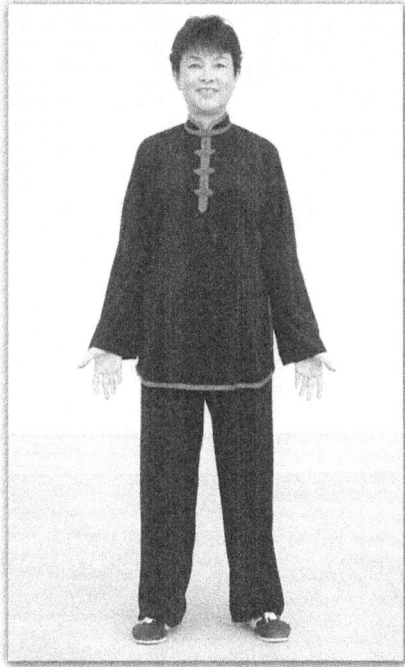

Mit dem Einatmen drehen Sie die Handfläche nach vorne...

...und heben beide Arme seitlich nach oben an.

Wenn beide Hände über dem Kopf sind, weisen die Handflächen zueinander. Die Fingerspitzen weisen nach oben.

Anschließend beugen Sie die Handgelenke, so dass die
Handflächen nach unten zeigen. Die Fingerspitzen weisen
zueinander. Der Abstand zwischen beiden
Mittelfingerspitzen beträgt ungefähr 10 cm.
Danach lassen Sie die Hände dicht vor dem Körper entlang
der *Ren*-Leitbahn langsam absinken.

Die Hände sinken bis vor den Schambeinbereich (*Qugu-*Punkt, *Ren*-Leitbahn 2).

Zum Schluss führen Sie beide Hände zurück und legen sie
seitlich an die Oberschenkel.

Anmerkungen

„*Qi* tragen" ist die Vorstellung beim Führen der Hände nach oben, „mit *Qi* füllen" die beim Absenken der Hände. Diesen Vorgang wiederholen Sie insgesamt 8-mal. Die Bewegung sollte von Mal zu Mal langsamer und sanfter ausgeführt werden. Dadurch können Sie die *Qi*-Empfindung verstärkt spüren.

Verwenden Sie die Vorstellungskraft. Sie stellen sich vor, das *Jing-Qi* des Universums in den Körper aufzunehmen und das aktivierte *Qi* bis zum unteren *Dantian* absinken zu lassen und dann zu speichern.

Theorie und Wirkung

Daoisten sind der Meinung, dass der Mensch von *Qi* umgeben ist, das *Qi* im menschlichen Körper existiert und das inneres und äußeres *Qi* sich ununterbrochen austauschen. Mit Hilfe der Vorstellungskraft und führenden Bewegungen fördern die *Qigong*-Übungen den *Qi*-Austausch und verwandeln äußeres in inneres *Qi*.

Merkmale und was es zu beachten gilt

- Die Übung sollte langsam ausgeführt werden. Atmen Sie dabei natürlich.

- Bei den aufsteigenden und absenkenden Armbewegungen achten Sie darauf, dass sich Schulter-, Ellenbogen- und Handgelenke und die Finger in einem entspannten Zustand befinden.

- Bei dieser Übung können leicht *Qi*-Empfindungen entstehen, so wie z. B. ein taubes Gefühl oder ein Gefühl der Schwere.

- Bei den sinkenden Bewegungen achten Sie darauf, dass die Finger in einem geringen Abstand zueinander zeigen, um eine stärkere *Qi*-Empfindung spüren zu können und dadurch eine bessere Wirkung zu erzielen.

- Diese Übung verfügt je nach Ausführung über eine gegensätzliche Wirkung. Die Traditionelle Chinesische Medizin besagt: „Wenn oben Fülle und unten Leere herrscht, soll nach unten abgeleitet und abgeführt werden. Wenn dagegen oben Leere und unten Fülle besteht, soll nach oben geführt werden." Daher sollte man sich während der Übung nach dem eigenen körperlichen Befinden und aktuellem Zustand richten. Die Daoisten betonen die Vereinigung von Bewegung und *Qi*-Führung. Das heißt: Schnelle Bewegungen führen zu rascher *Qi*-Zirkulation. Bei langsamen Bewegungen fließt das *Qi* hingegen auch langsamer.

- Symptome wie zum Beispiel Hypertonie (Bluthochdruck), Tachykardie (Herzfrequenz über 100 Schläge pro Minute) und chronische Entzündungen gehören zu den Leere-Fülle-Hitze-Mustern. Bei dieser Übung sollten Menschen mit diesem Muster die aufsteigenden und streckenden *Yang*-Bewegungen rasch ausführen und dabei schneller einatmen. Dagegen sollten die absenkenden, entspannten *Yin*-Bewegungen langsamer ausgeführt und dabei langsamer ausgeatmet werden. Es handelt sich hierbei um die sogenannte sedierende Methode, um das übermäßige *Yang* abzuschwächen und das *Yin* zu nähren.

- Symptome wie Hypotonie (niedriger Blutdruck), Bradykardie (Herzfrequenz unter 60 Schläge pro Minute), schweres Gemüt und verminderte Stoffwechselfunktion zählen zu den Leere-Fülle-Kälte-Mustern. In solchen Fällen sollten die aufsteigenden Bewegungen langsamer und die sinkenden Bewegungen schneller durchgeführt werden. Hierbei handelt es sich um die tonisierende Methode.

Übung 10: Entspannen, Ruhe bewahren und den Geist nähren (Übung des Geistes)

Die Daoisten sind der Meinung, dass tiefe Entspannung und Ruhe den Geist nähren und den Menschen zu seinen Wurzeln zurückbringen können. Die Visualisierung des Inneren und die Leere des Geistes führen dazu, dass das *Jing-Qi* aktiviert wird. Das kultivierte *Jing-Qi* ernährt die *Zangfu*-Organe, die Extremitäten, Muskeln und Sehnen. Dadurch wird die eigene Abwehrkraft gestärkt.

„Sich entspannen, die Ruhe bewahren und den Geist nähren" beinhaltet verschiedene Ebenen. In dieser 1. Stufe handelt es sich um einen Einstieg in die stille Form. Achten Sie daher nur auf die Kombination von Atmung und Aufmerksamkeitsführung.

Daoistische Handhaltung

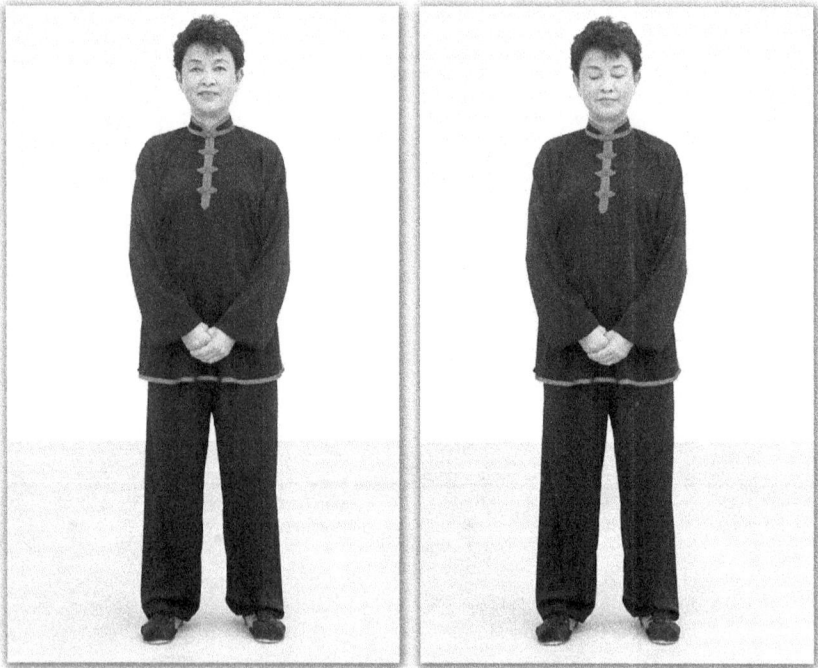

Nach der letzten Bewegung der vorherigen Übung halten
Sie beide Hände vor den Bauch und verbinden dabei den
rechten Daumen mit dem rechten Mittelfinger, so dass die
beiden Finger einen kleinen Ring bilden. Danach stecken Sie
den Daumen der linken Hand durch diesen Ring und legen
den linken Daumen auf die Wurzel (Übergang Handfläche zu
Ringfinger) des rechten Ringfingers. Dabei bleiben alle
anderen Finger locker und natürlich gestreckt. Die linke
Handfläche ruht auf dem rechten Handrücken. Schließen
Sie leicht die Augen und entspannen Sie sich dabei.

Natürliche Bauchatmung

Verwenden Sie die natürliche Bauchatmung. Während Sie langsam, gleichmäßig und sanft einatmen, kontrahiert das Zwerchfell und sinkt dadurch nach unten. Der Bauch wölbt sich leicht nach außen. Während Sie langsam, gleichmäßig und sanft ausatmen, entspannt sich das Zwerchfell und kehrt wieder zurück nach oben. Der Bauch ist entspannt.

Jing und *Song*

Während Sie einatmen, stellen Sie sich vor, dass Sie sowohl geistige als auch körperliche Ruhe bewahren. Dabei sprechen Sie in Gedanken lautlos das Wort „*Jing*" (ausgesprochen: Dsching; auf Deutsch: Ruhe) aus. Während Sie ausatmen, stellen Sie sich vor, dass Körper und Geist sich in einem entspannten Zustand befinden. Dabei sprechen Sie das Wort „*Song*" (ausgesprochen: Sung; auf Deutsch: Entspannung) ebenfalls lautlos aus.

Atemdauer und Übungsfrequenz

Für den Anfänger dauert die Ein- und Ausatmung jeweils ca. 4 Sekunden. Wiederholen Sie die Übung 8- bis 16-mal, dies dauert ungefähr 1 bis 2 Minuten.

Abschluss

Danach öffnen Sie die Hände und lassen beide Arme seitlich an die Oberschenkel sinken. Anschließend führen Sie die Abschlussübung durch.

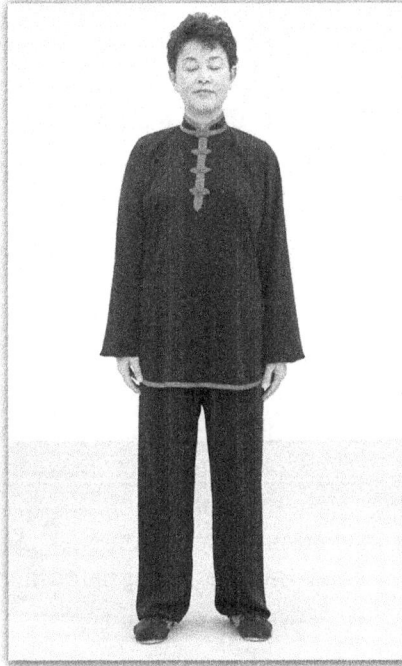

Entspannen Sie sich in Ruhe für ein Weile.

Theorie und Wirkung

Nach den beiden vorherigen Übungen befindet sich der Körper in einem entspannten und ruhigen Zustand und ist von *Jing-Qi* erfüllt. In diesem Zustand wird das Gehirn vermehrt mit Blut versorgt, so dass *Jing-Qi* wiedergewonnen werden kann und das Gehirn damit genährt wird. Die Übung ist leicht zu erlernen, effektiv und übt eine positive Wirkung auf ältere Menschen und „Kopfarbeiter" aus. Darüber hinaus hat die Übung eine positive Wirkung auf Neurasthenie, Bluthochdruck, Herzerkrankungen und Magengeschwüre.

Merkmale und was es zu beachten gilt

Diese Übung ist eine stille Form. Die Vorstellungskraft spielt dabei eine führende Rolle. Verwenden Sie dabei positive Vorstellungsbilder, so dass der Körper entspannt und der Geist frei von anderen Gedanken ist. Mit dem Einatmen sprechen Sie „*Jing*" (auf Deutsch Ruhe) aus. Bei der Ausatmung sprechen Sie „*Song*" (auf Deutsch: Entspannung) aus. Ziehen Sie die Aussprache der beiden Wörter so lang, wie die Atemzüge dauern.

- **Aufgerichteter Körper:** Der Körper ist aufgerichtet, der *Baihui*-Punkt (*Du*-Leitbahn 20) und der *Huiyin*-Punkt (*Ren*-Leitbahn 1) befinden sich auf einer Linie. Der Blick ist nach innen gerichtet.

- **Natürliche Bauchatmung:** Verwenden Sie die natürliche Bauchatmung. Beim Einatmen wölbt sich der Bauch leicht nach vorne, beim Ausatmen ziehen Sie den Bauch leicht ein.

- **Ruhe und Entspannung:** Sie fühlen sich von Mal zu Mal entspannter und ruhiger, sowohl geistig, als auch körperlich.

- **Positionen:** Die Übung können Sie im Stehen, Sitzen oder im Liegen durchführen.

180

Nachwort

Das *Huichungong*-System ist eine gesundheitspflegende Methode, die sowohl bewegte, als auch stille Formen beinhaltet. Die stehende Methode besteht zu 70% aus der bewegten Form und zu 30% aus der stillen Form, wobei der Schwerpunkt auf der Bewegung liegt. Die Bewegungen zeichnen sich durch Sanftheit, Eleganz, Anmut und Kontinuität aus. Deshalb wird die bewegte Form als „die Kunst der Gesundheitspflege und die Gesundheitspflege der Kunst" bezeichnet.

Dieses Buch wurde geschrieben, um den *Huichungong*-Lernenden in seinem Lernprozess zu unterstützen. Ein Erlernen der Übungen nur auf Grund dieses Buches ist wegen der Komplexität der Übungen nicht zu empfehlen und führt nur dazu, dass die Übungen oberflächlich erlernt werden, deren Essenz jedoch nicht erkannt und genutzt wird.

Das System des *Huichungong* kann nicht allein in Schriftform vermittelt werden. Die persönliche Anleitung durch kompetente *Huichungong*-Lehrer/innen ist durch nichts zu ersetzen und wird dringend empfohlen.

Weitere Informationen über Seminare, Ausbildungen zum/zur Kursleiter/in oder Weiterbildungen zum/zur Lehrer/in des Huichungong finden Sie auf unserer Homepage www.Huichungong-Deutschland.de oder schreiben Sie uns eine Mail an huichungong@t-online.de.

Anhang

Die Positionen der Akupunkturpunkte

Ren-Leitbahn

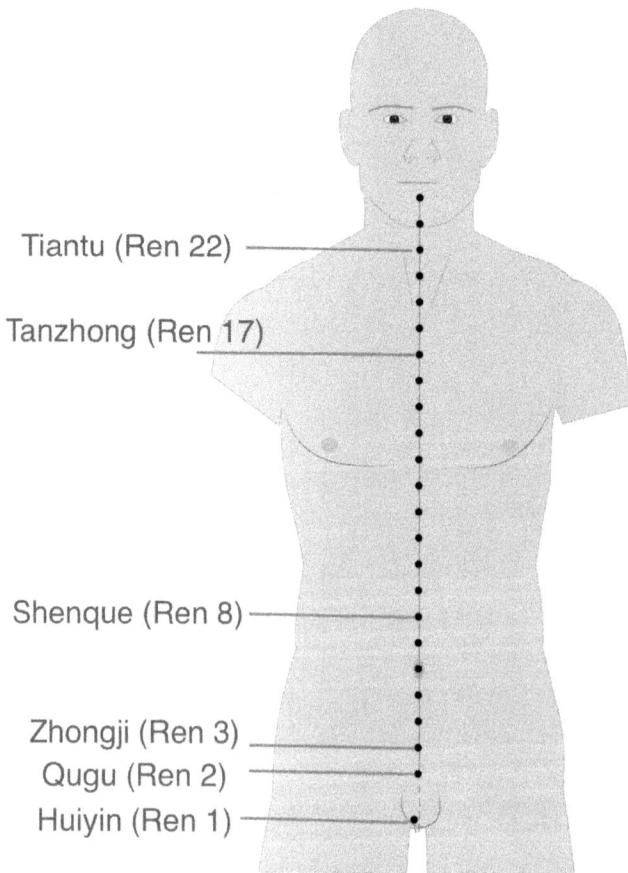

Tiantu (Ren 22)

Tanzhong (Ren 17)

Shenque (Ren 8)

Zhongji (Ren 3)
Qugu (Ren 2)
Huiyin (Ren 1)

Du-Leitbahn

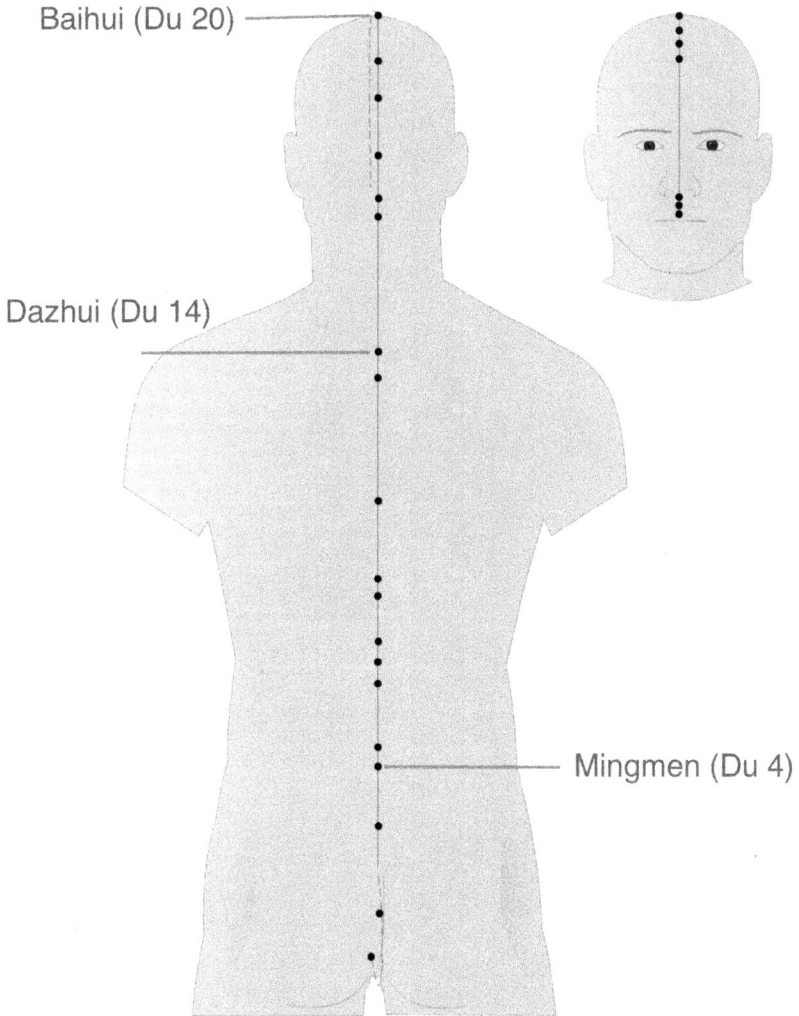

Baihui (Du 20)

Dazhui (Du 14)

Mingmen (Du 4)

Lungen-Leitbahn

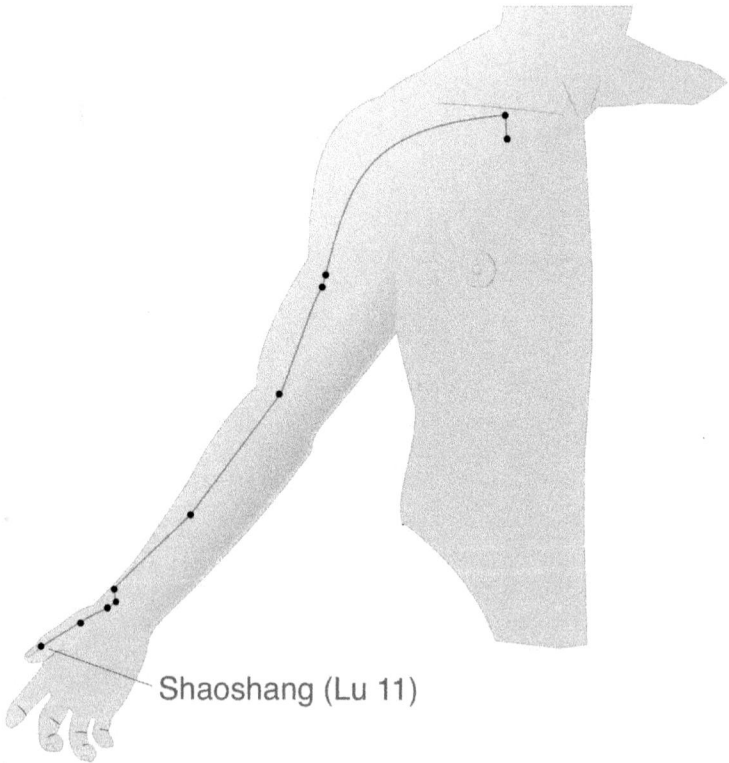

Shaoshang (Lu 11)

Dickdarm-Leitbahn

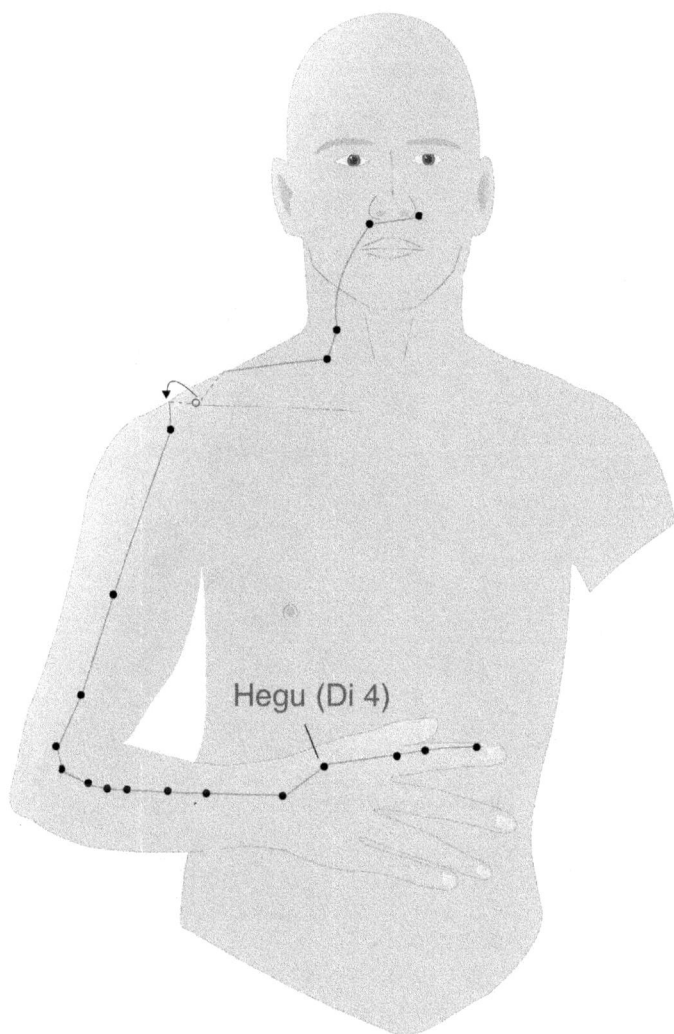

Hegu (Di 4)

Herz-Leitbahn

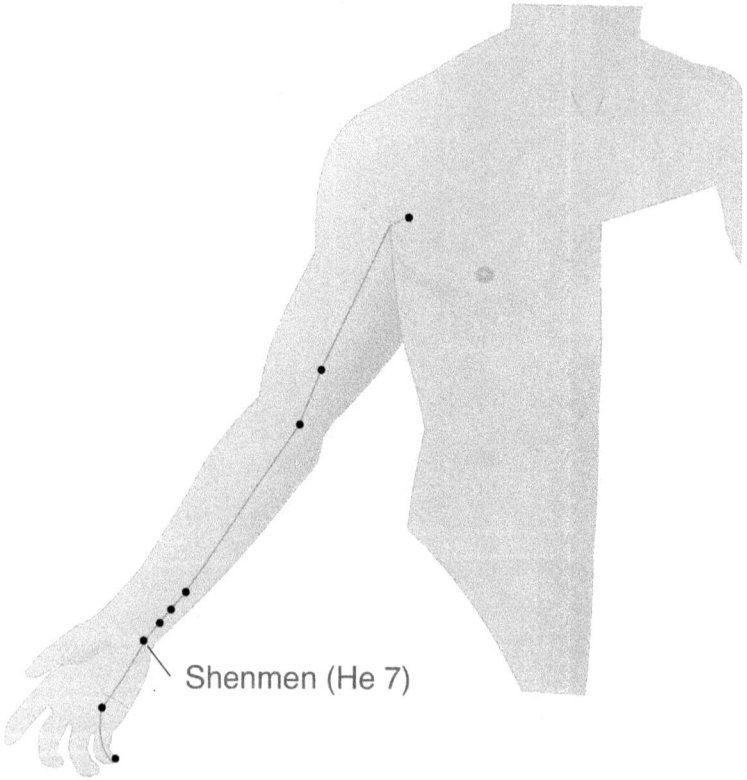

Shenmen (He 7)

Herzbeutel-Leitbahn

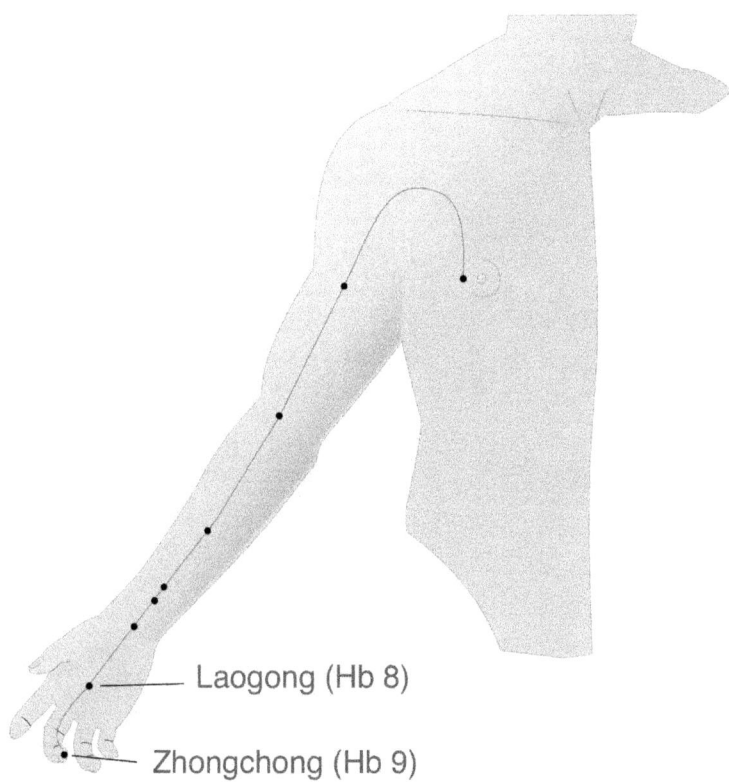

Laogong (Hb 8)

Zhongchong (Hb 9)

Gallenblasen-Leitbahn

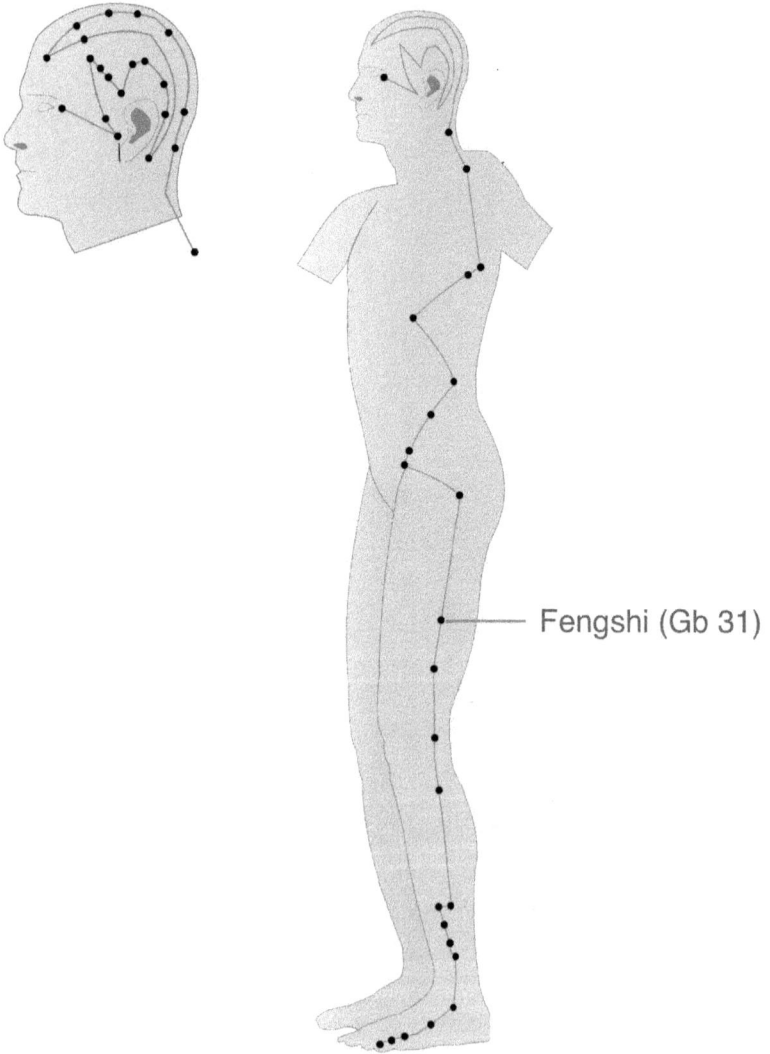

Fengshi (Gb 31)

Nieren-Leitbahn

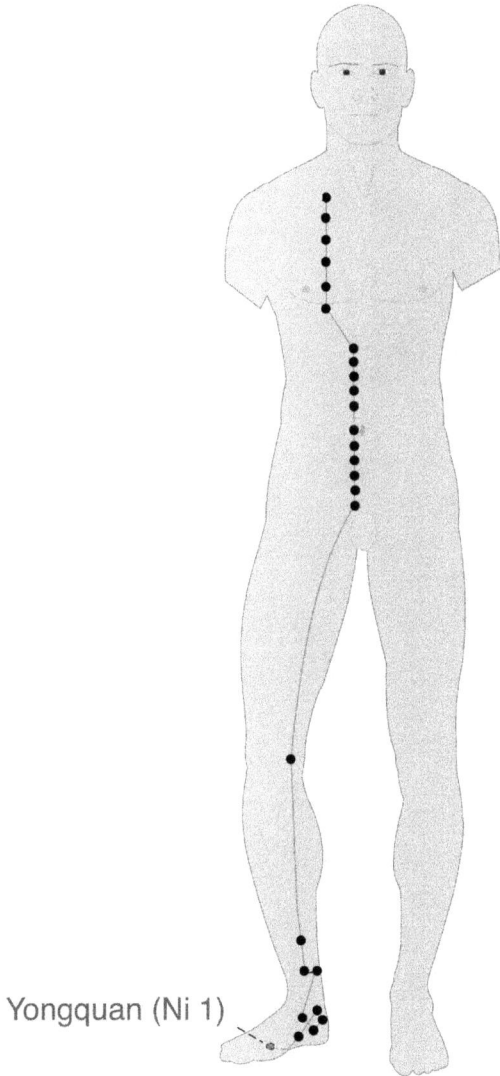

Yongquan (Ni 1)

Leber-Leitbahn

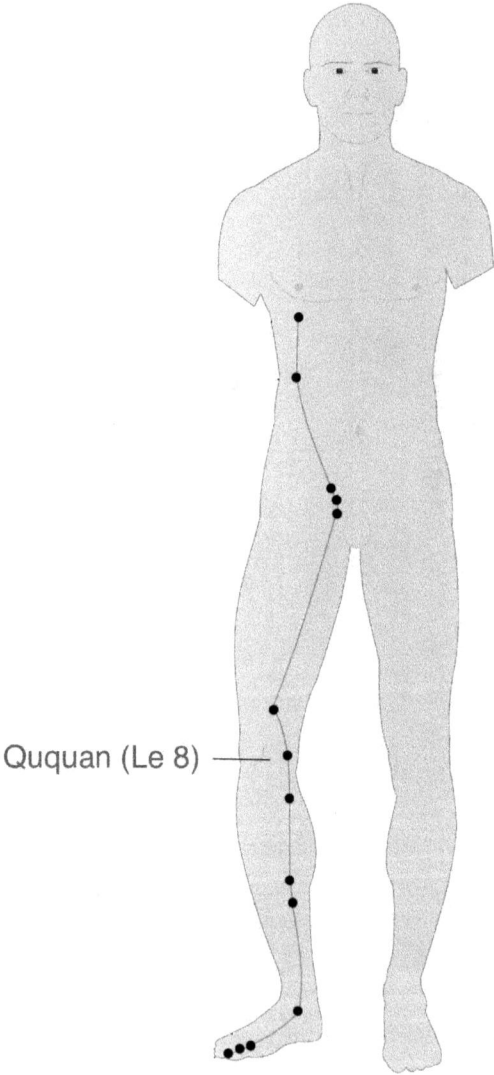

Ququan (Le 8)

Extra-Punkte

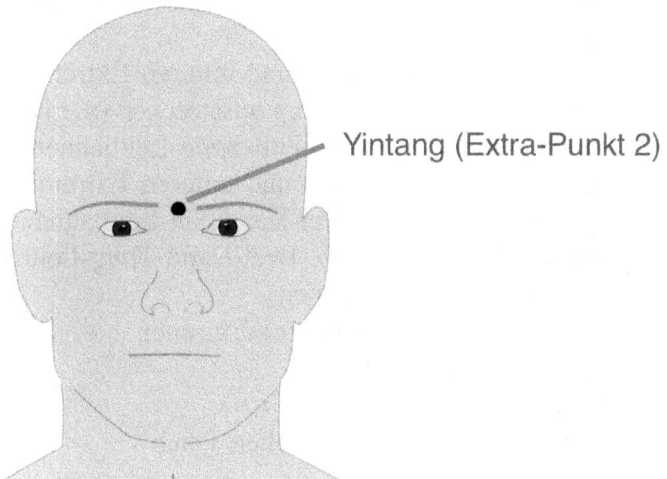

Yintang (Extra-Punkt 2)

Die Namen aller Übungen der neun Methoden des *Huichungong*

Die zwei Übungen der Rollenden Methode:
1. Der Delfin überschlägt sich
2. Der Esel wälzt sich

Die sieben Übungen der Liegenden Methode:
1. Die oberen Extremitäten und unteren Extremitäten in gleicher Richtung ausstrecken (Die Drei-Hand-*Yin*-Leitbahnen und die Drei-Fuß-*Yin*-Leitbahnen)
2. Die oberen Extremitäten und unteren Extremitäten jeweils in entgegengesetzter Richtung ausstrecken (die Drei-Hand-*Yang*-Leitbahnen und die Drei-Fuß-*Yang*-Leitbahnen)
3. Die oberen Extremitäten und unteren Extremitäten gleichzeitig ausstrecken (die Drei-Hand-*Yin*-Leitbahnen und die Drei-Fuß-*Yin*-Leitbahnen, die Drei-Hand-*Yang*-Leitbahnen und die Drei-Fuß-*Yang*-Leitbahnen)
4. Die Kröte zieht den Körper zusammen
5. Schlängeln und kreisen
6. Yin und Yang ergänzen sich
7. Schwimmen im paradiesischen Teich

Die vier Übungen der Kriechenden Methode:
1. Der Säugling krabbelt herum
2. Der kleine Bär sucht nach dem Futter
3. Der Rhesusaffe spielt Nachlaufen
4. Die Schnecke macht sich auf den Weg

Die drei Übungen der Sitzenden Methode:
1. Die Gürtel-Leitbahn (*Daimai*) umkreisen
2. Wasser (Nieren) und Feuer (Herz) unterstützen sich gegenseitig
3. Der *Mao You* Kreislauf

Die sechs Übungen der Hockenden Methode:
1. Der unsterbliche Hase zermahlt die Heilkräuter
2. Die Elster trägt das Ei
3. Der Adler fliegt hoch am Himmel
4. Drache und Tiger treffen sich
5. Der Kaiser *Xuan Wu* fährt kreuz und quer
6. Die Kröte nimmt die Essenz auf

Die acht Übungen der Knienden Methode:
1. *Xiang Zi* spielt die Flöte
2. *Cai He* singt ein Lied
3. *Xian Gu* pflückt die Lotusblätter
4. *Zhong Li* wedelt mit dem Fächer
5. *Tian Guai* ist leicht beschwipst
6. *Chun Yang* tanzt mit dem Schwert
7. *Guo Jiu* fragt nach dem Weg
8. *Zhang Guo* reitet auf dem Esel

Die neun Übungen der gesichtspflegenden Methode:
1. Die Extremitäten entlang der Leitbahnen waschen
2. *Tianting* (die Stirn) massieren
3. Die goldenen Augen bewegen
4. Die Ohren massieren und Klugheit gewinnen
5. Die Nase massieren und den Geruchssinn sensibilisieren
6. Das Gesicht klopfen und es zum Strahlen bringen
7. Die Haare kämmen und das Gehirn stimulieren
8. Den Hals und den Nacken massieren
9. Den Mund bewegen und den Speichel schlucken

Die fünf Übungen der *Dandao*-Methode:
1. Die Ruhe bewahren und den gesamten Körper entspannen
2. Den Meeresboden (*Huiyin*-Punkt) entfachen und die Quelle der Essenz schließen
3. Die Essenz zu *Qi* wandeln und das *Qi* entlang des kleinen Kreislaufs zirkulieren lassen

4. Das *Qi* zu Geist wandeln und den kleinen Himmelskreislauf entlang zirkulieren lassen
5. In Leere treten und zu *Wuwei* gelangen

Die Stehende Methode:

Die vollständige Methode besteht aus den Übungen der 1. bis 3. Stufe, jedoch werden diese in einer anderen Reihenfolge und mit anderen Übergängen ausgeführt.

1. Die Mitte in sechs Positionen suchen (Regulation des Körpers)
2. Erinnerung an die eigene Jugend (Regulation des Geistes)
3. *Qi* führen und harmonisieren (Regulation der Atmung)
4. Die drei glücksbringenden Sterne leuchten am Himmel
5. Die acht Unsterblichen feiern Geburtstag
6. Die unsterbliche *Ma Gu* präsentiert den Pfirsich
7. Von oben das Himmels-*Yang* aufnehmen
8. Von unten das Erde-*Yin* aufnehmen
9. Die Fabelkröte spielt im Wasser
10. Der Sagenvogel schwebt in großer Höhe
11. Der Phönix beginnt zu Tanzen
12. Der kleine Drache macht einen Frühlingsausflug
13. Der Kranich streckt sich
14. Die flinke Katze jagt den Schmetterling
15. Der göttliche Hirsch bewegt den Schwanz
16. Die göttliche Schildkröte zieht den Hals ein
17. Die Fee *Yu Nü* steigt vom Himmel auf die Erde herab
18. Das goldige Kind dehnt den Körper geschmeidig
19. Die Vereinigung von *Yin* und *Yang*
20. Das verbrauchte *Qi* ausstoßen und das frische *Qi* aufnehmen
21. Die Nieren erwärmen und die Essenz ernähren (Übung der Essenz)
22. *Qi* fließen lassen und nähren (Übung des *Qi*)
23. Sich entspannen und den Geist nähren (Übung des Geistes)
24. Die Aufmerksamkeit beim Mittelpunkt bewahren und die Essenz, das *Qi* und den Geist vereinigen

Interview mit Frau *Mok Chong Meng*

Huichungong - gezielte Verjüngung

Huichungong wird in China seit den 1980er Jahren öffentlich unter-richtet und hat sich zu einer populären *Qigong*-Methode entwickelt, deren gesundheitsfördernde Wirkungen in mehreren Untersuchungen bestätigt wurden. Im Interview mit Bing Luo-Eichhorn (22. Generati-on) spricht Frau *Mok Chong Meng*, die das *Huichungong* in der 21. Generation vertritt, über Besonderheiten dieser *Qigong*-Richtung. Neben Übungen im Stehen, Sitzen und Liegen wird auch kriechend, rollend, kniend und in hockender Haltung geübt. Aufbau und Zusam-menstellung des Systems orientieren sich am *Luoshu*, einem legendä-ren überlieferten Zahlenzuordnungssystem. Die verjüngende Wir-kung wird besonders durch die positive Geisteshaltung, die Entwick-lung des unteren *Dantian* sowie eine Anregung des endokrinen Sys-tems im Körper erzielt.

Bing Luo-Eichhorn: Frau *Mok*, wenn man beobachtet, wie Sie sich bewegen, wie jung Sie aussehen und welche Energie Sie besitzen, würde man nicht annehmen, dass Sie über 70 Jahre alt sind. Haben Sie dafür ein Geheimnis?

Mok Chong Meng: Tatsächlich. Die Antwort ist einfach: Üben Sie *Huichungong d*er *Huashan*-Schule.

B: Das *Huichungong* der *Huashan*-Schule sind traditionelle daoisti-sche *Qigong*-Übungen, was genau für eine Methode ist das *Huichun-gong*?

M: Die Intention und die Idee des *Huichungong* ist es, die Vitalität der Jugend wiederherzustellen. Mit der Vitalität der Jugend meinen wir, dass man über eine intakte Stoffwechselfunktion verfügt, dass man eine starke körperliche Kondition und reichlich Energie hat.

197

Darüber hinaus soll man eine starke Immunabwehr und eine schnelle Reaktion besitzen. Ebenso hat man eine gesunde psychische Verfassung aufzuweisen. Durch Üben von *Huichungong* können wir ebensolche Vitalität wiedergewinnen.

Der Ursprung des *Huichungong* ist zurückzuführen auf die daoistischen gesundheitspflegenden Übungen, die eine 2000 Jahre alte Geschichte aufzuweisen haben. Die *Huichungong*-Methode der *Huashan*-Schule ist vor etwa 800 Jahren auf dieser Grundlage entstanden. Insgesamt 19 Generationen der *Huashan*-Schule haben an der Methode gearbeitet und diese kontinuierlich weiterentwickelt. *Huichungong* ist sozusagen die Frucht jahrhundertlanger Forschung und Praxis.

Früher war *Huichungong* noch eine Geheimmethode, die ausschließlich in daoistischen Klöstern und am Kaiserhof vermittelt wurde. Erst in den 1980er Jahren hat Herr *Bian Zhi Zhong*, 19. Generationsnachfolger der *Huashan*-Schule, das *Huichungong* in der Öffentlichkeit bekannt gemacht. Sofort fand das *Huichungong* großes Interesse. Leider ist Herr *Bian Zhi Zhong* Ende der 1980er Jahre gestorben. Nach seinem Tod hat Herr *Min Zhi Ting*, der Abt der *Huashan*-Schule, ebenfalls 19. Generationsnachfolger, die Veröffentlichung und Vermittlung des *Huichungong* fortgesetzt. Herr *Min Zhi Ting* hat mir einmal verraten, dass die Mönche der *Huashan*-Schule heute noch jeden Tag das *Huichungong* als gesundheitspflegende Methode praktizieren.

B: In der letzten Zeit ist *Huichungong* auch in Deutschland bekannt geworden. Dabei wird meistens nur über die Übungen der „Stehenden Methode" gesprochen. Das *Huichungong* umfasst aber neun verschiedene Bereiche. Können Sie uns etwas detaillierter über den Aufbau des *Huichungong* erzählen?

M: Das *Huichungong* der *Huashan*-Schule ist eine Kombination aus stillen Formen und bewegten Formen. *Huichungong* legt großen Wert sowohl auf die Regulation des Geistes als auch auf die Regulation des Körpers. Dabei werden die Essenz, das *Qi*, der Geist und der

Körper gleichzeitig trainiert und gepflegt. Insgesamt setzt sich *Huichungong* aus neun Bereichen zusammen: Es gibt die Sitzende Methode, Stehende Methode, Gesichtspflegende Methode, Liegende Methode, Kriechende Methode, Rollende Methode, Kniende Methode, Hockende Methode und die Dandao Methode.

Die neun verschiedenen Methoden wurden nicht willkürlich zusammengewürfelt, sondern sie basieren auf einer traditionellen Struktur, nämlich auf dem alten *Luoshu* (nach einer beschrifteten Fabelschildkröte aus dem *Luo*-Fluss). Der Mönch *Chen Tuan* und der große Meister *Hao Da Tung*, beide aus der *Song*-Dynastie, haben das *Luoshu* analysiert, interpretiert und erläutert. Aufgrund dessen wurde das *Huichungong* kreiert. Der Aufbau des *Huichungong* steht in engem Zusammenhang mit dem *Luoshu*. Die Anzahl der einzelnen Methoden stimmen mit den Zahlen auf dem Rücken der Fabelschildkröte überein.

So besteht z.B. die Liegende Methode aus sieben Übungen, die *Dandao* Methode enthält fünf Übungen und die Gesichtspflegende Methode ist aus acht Übungen zusammengesetzt.

B: Die neun unterschiedlichen Methoden des *Huichungong* sind dadurch sehr umfangreich. Wenn man *Huichungong* lernen möchte, wie sollte man sinnvoll vorgehen?

M: Ich empfehle den Interessenten, zuerst mit den vier Methoden anzufangen, die sich auf dem Rücken der beschrifteten Fabelschildkröte aus dem *Luo*-Fluss an den vier Himmelsrichtungen orientieren. Diese vier Methoden sind die Stehende Methode, die Liegende Methode, die Sitzende Methode und die Gesichtspflegende Methode. Später kann man sich dann mit den vier sogenannten diagonalen Methoden befassen, die auf dem Rücken der Fabelschildkröte diagonal platziert sind. Dies sind die Kriechende Methode, die Rollende Methode, die Kniende Methode und die Hockende Methode.

B: Die vier diagonalen Methoden hören sich ungewöhnlich und schwierig an. Werden die Übungen tatsächlich in solchen ungewohnten Stellungen ausgeführt?

M: Das ist eben die Besonderheit von *Huichungong*. Die Übungen werden in verschiedenen Positionen ausgeführt und wechseln zwischen Bewegungen und ruhigen Phasen. Die Kriechende Methode wird ausschließlich in horizontaler Stellung durchgeführt. Die Bewegungen in solch horizontaler Position entlasten das Herzkreislaufsystem und orientieren sich am Verlauf der Handleitbahnen. Außerdem holen wir mit den kriechenden Übungen Bewegungsmuster einer frühen Entwicklungsphase unserer Kindheit zurück, die im Laufe des Lebens verloren gegangen sind. Die erste Übung heißt daher auch „Der Säugling krabbelt herum" und imitiert dabei Bewegungsbilder aus der frühen Kindheit.

In der Hockenden Methode werden die acht Übungen, wie die Bezeichnung erkennen lässt, in hockender Position ausgeführt. Wie wir wissen, wird dabei die Beinmuskulatur anders belastet als gewöhnlich. Durch diese spezielle Bewegungsform werden die Beine gekräftigt und gedehnt. Ein chinesische Spruch besagt: „Das Altwerden beginnt mit den Beinen". Die hockende Methode ist daher eine ideale Methode, um diesem Prozess entgegenzuwirken.

Diese gezielten Bewegungen wirken intensiv auf das endokrine System, wobei die Nieren-Essenz reguliert und ernährt wird.

Außerdem zeichnet sich die Hockende Methode durch die intensiven Bewegungen der Wirbelsäule in acht unterschiedlichen Richtungen aus. Diese Bewegungen wirken sich sehr günstig auf degenerative Erkrankungen der Hals -, Brust - und Lendenwirbelsäule sowie des Kreuzbeines aus.

Die Hockende Methode legt großen Wert auf die dreidimensionalen Bewegungen im Bauchbereich (oben-unten, links-rechts, vorne-hinten). Die Übungen fördern den ganzheitlichen *Yin-Yang*-Ausgleich im Körper und regulieren die Funktion der *Zangfu*-Organe.

Die neun unterschiedlichen Formen des *Huichungong* besitzen gemeinsame Eigenschaften, haben aber aufgrund der unterschiedlichen Bewegungsausführung spezifische Wirkungen auf den Körper.

Im Zuge der jahrhundertlangen Erfahrungen hat sich *Huichungong* weiterentwickelt und einige auf Aberglauben beruhende Elemente wurden aussortiert. Das Essenzielle, Positive und Kulturelle wurde weiterhin beibehalten. Ende der 1990er Jahre hat mein Lehrer, Herr *Shen Xin Yan*, 20. Generation des *Huichungong*, nach jahrzehntelanger Forschungsarbeit und Praxis das *Huichungong* systematisch bearbeitet und die Methode mit neuen Inhalten vervollständigt und ergänzt. Mit meiner Unterstützung hat er dann das Buch über die Stehende Methode in Chinesisch veröffentlicht. Weitere Veröffentlichungen über die anderen Bereiche des *Huichungong* sind gerade in Vorbereitung. Wir hoffen, dass *Huichungong* dadurch noch mehr Menschen erreichen kann, und noch mehr Menschen die Vorteile dieser wunderbaren, traditionsreichen gesundheitspflegenden Methode wahrnehmen können.

B: *Huichungong* heißt wörtlich Verjüngungs-*Qigong*. Warum hat das *Huichungong* solch eine verjüngende Wirkung?

M: Eine der Besonderheiten des *Huichungong* ist die schöne und angenehme Erinnerung an die Jugend während der Übungen. Dabei sollen wir uns in einem behaglichen emotionalen Zustand befinden. Solche positiven Vorstellungsbilder entsprechen „dem reinen Gedanken" des Daoismus. Positives Denken und Vorstellungsbilder können im Körper Glückshormone produzieren, welche uns in einen glücklichen und zufriedenen Gemütszustand versetzen.

Die zweite Besonderheit des *Huichungong* liegt in den zehn verschiedenen Bewegungsformen der Wirbelsäule in alle möglichen Richtungen, zum Beispiel streckende, drehende, beugende und spiralförmige Bewegungen. Durch die vielfältigen Bewegungen können das *Qi* und das *Xue* der Bandscheiben und der Bänder und Muskeln der Wirbelsäule besser zirkulieren. Die Geschmeidigkeit und die Elastizität der Wirbelsäule werden verbessert.

Eine weitere Besonderheit ist das Trainieren des unteren *Dantian*, dies ist einmalig und charakteristisch für *Huichungong*. Mit dem „unteren *Dantian*" meinen die Daoisten den Bereich zwischen Schambein und *Huiyin*. Die Daoisten sind der Ansicht, dass dieser Bereich der Ursprung der Essenz (*Jing Qi*) ist. Daher wird in allen Bewegungen viel Wert auf diesen Bereich gelegt.

Wie wir wissen, lässt mit zunehmendem Alter die Funktion der Geschlechtsdrüsen nach und die Hormonproduktion sinkt. Aber durch gezieltes Trainieren des unteren *Dantian* können die Geschlechtsdrüsen wieder angeregt und die Produktion der Hormone weiter gefördert werden. Wenn der Hormonhaushalt ausgewogen ist, wirkt dies günstig auf das gesamte endokrine System, und der ganze Körper profitiert davon. Der Alterungsprozess kann dadurch verzögert werden.

B: Wie wird das Trainieren des unteren *Dantian* während der Übung in die Tat umgesetzt?

M: Die Daoisten sind der Meinung, dass die Essenz durch körperliche Übungen produziert werden kann und dass das Gehirn durch diese wiedergewonnene Essenz genährt wird. Darauf basiert die Grundlage des *Huichungong* und das ist der Weg zur Langlebigkeit. Durch jahrhundertlange Erfahrung in Theorie und Praxis haben die Daoisten eine einmalige Methode entwickelt, um das untere *Dantian* gezielt zu trainieren.

In allen Formen des *Huichungong* wird das System der Geschlechtsdrüsen durch gezielte Bewegungen und die Stimulation von Akupunkturpunkten angeregt. Unter dem Aspekt der Ganzheit betont *Huichungong* gleichzeitig das harmonische Zusammenspiel zwischen den Geschlechtsdrüsen und dem gesamten endokrinen Drüsensystem, wie etwa Hirnanhangdrüse, Zirbeldrüse, Schilddrüse und Thymusdrüse, was wiederum auf die Regulation des endokrinen Systems fördernd wirkt.

Huichungong legt Wert darauf, dass solche positiven Wirkungen nicht durch die Quantität der Übung, sondern durch die Qualität der Bewegung erzielt werden. Dies sind zum Beispiel streckende, zusammenziehende und sinkende Bewegungen im Schulter-Nacken-Bereich, S-förmige, spiralförmige und dehnende Bewegungen des Oberkörpers, die gegeneinander „gepressten" Oberschenkel und die Anspannung des *Huiyin*-Punktes.

Außerdem gehören dazu die intensiven Bewegungen im Hüftbereich und die Akupressur bestimmter Punkte wie z.b. die *Lingxu*-Punkte (Nieren-Leitbahn 24) und die *Huantiao*-Punkte (Gallenblasen-Leitbahn 30). Alle diese Bewegungen werden von positiven Vorstellungsbildern begleitet. Das untere *Dantian* gezielt und bewusst zu trainieren, ist das Einzigartige und Charakteristische am *Huichungong*.

B: *Huichungong* wurde Anfang der 1980er Jahre in der Öffentlichkeit erstmals vorgestellt. Sind seitdem wissenschaftliche Untersuchungen diesbezüglich durchgeführt worden?

M: In der Tat. Seit Mitte der 1980er Jahre haben wir mit verschiedenen medizinischen Institutionen und Krankenhäusern aus *Shanghai* und den Provinzen *Shandong* und *Liaolin* zusammengearbeitet. Von Januar 1989 bis Dezember 1990 hat das Institut für Traditionelle Chinesische Medizin der Provinz *Shandong* eine umfangreiche Untersuchung über die Wirkungen des *Huichungong* durchgeführt. Insgesamt haben 125 ältere Probanden an den Studien teilgenommen. Die Probanden wurden in zwei Gruppen eingeteilt, 95 davon übten jeden Tag insgesamt ca. 2 Stunden und 40 Minuten *Huichungong*. Die Übezeit wurde auf Vormittag und Nachmittag verteilt. Die anderen 30 Probanden übten hingegen andere Sportarten aus.

Nach einjähriger Beobachtung und Analyse haben die Wissenschaftler Folgendes festgestellt: *Huichungong* verbessert die Blutversorgung der Herzkranzgefäße und reguliert Stoffwechselstörungen besonders bei älteren Menschen. Außerdem wirkt *Huichungong* vorbeugend auf Herzkreislauf- und Gefäßerkrankungen. Bei den Patienten mit Diabetes unter den *Huichungong*-Probanden ist der Blutzuckerspiegel erheblich gesunken und die Insulinwerte haben sich normalisiert. Ferner haben die Studien ergeben, dass *Huichungong* eine geschwächte Lungenfunktion wieder stärken kann.

Darüber hinaus hat die Studie auch gezeigt, dass *Huichungong* positiv auf die Hirnanhangdrüse (Hypophyse), die Schilddrüse und die Geschlechtsdrüsen wirkt und der Degenerationsprozess des endokrinen Systems dadurch verzögert werden kann. Eine weitere Untersuchung hat ergeben, dass *Huichungong* ebenfalls einem Bandscheibenvorfall, Inkontinenz und Migräne entgegenwirken kann.

B: Zusammen mit ihrem Lehrer, Herrn *Shen Xin Yan,* haben Sie ein Buch über *Huichungong* bzw. über die Stehende Methode des *Huichungong* geschrieben.

M: Das Buch erschien im Jahr 1999 im „Verlag der Wissenschaft", einem renommierten und hoch geschätzten Verlag in China. In der Geschichte wurde *Huichungong* nur mündlich von Generation zu Generation weitergegeben, es gab keine schriftliche Überlieferung. In dem Buch wird zuerst über die geschichtliche Entwicklung des *Huichungong* geschrieben. Dann wird weitgehend auf die Theorie und die Besonderheiten sowie die entsprechenden Lernmethoden eingegangen.

Die Stehende Methode ist aus 24 Übungen zusammengesetzt, die aber aus didaktischen Gründen in drei Stufen vermittelt werden. Um das Lernen zu erleichtern, sind die Bewegungsabläufe durch zahlreiche Abbildungen veranschaulicht. Die dazugehörige Theorie und die Merkmale sowie die medizinischen Wirkungen sind ebenfalls ausführlich beschrieben. Eine deutsche Übersetzung ist derzeit auch in Bearbeitung.

Mit diesem Buch möchten wir, dass das *Huichungong* möglichst viele Menschen erreichen kann. Wir wünschen uns, dass noch viel mehr Menschen von dieser wunderbaren Methode profitieren können.

B: Die Stehende Methode ist nur ein Bereich des *Huichungong.* Planen Sie noch weitere Veröffentlichung über die anderen Bereiche?

M: Wir wollen insgesamt drei Bücher über *Huichungong* herausbringen. Die weiteren zwei Bücher handeln von anderen Bereichen des *Huichungong.* Wir arbeiten derzeit noch an den Büchern.

B: Sie sind sehr engagiert und setzen sich dafür ein, *Huichungong* weltweit zu verbreiten. In welchen Ländern sind Sie bereits gewesen?

M: Ende der 1980er Jahre habe ich meinen Lehrer, Herrn *Shen Xin Yan,* auf die Philippinen sowie nach Hongkong und Japan begleitet. Seit einigen Jahren komme ich regelmäßig nach Deutschland, Frankreich und Belgien, um *Huichungong* zu vermitteln.

B: Was wollen Sie mit Huichungong erreichen?

M: Dass *Huichungong* meinen Schülern Gesundheit beschert, das liegt mir besonders am Herzen. Die Absicht meiner Arbeit liegt darin, dass mehr Menschen auf der Erde von diesen wunderbaren Methoden profitieren können. Wenn ich die positiven Rückmeldungen von meinen Schülern höre, bedeutet das für mich die größte Freude und verleiht mir eine große Zufriedenheit und ein Erfolgsgefühl. Ich bin deswegen meinen Vorgängern sehr dankbar, dass sie *Huichungong* überliefert haben.

B: Was hat *Huichungong* Ihnen persönlich gebracht? Wie haben Sie von *Huichungong* profitiert?

M: Um nur einige Beispiel zu nennen, die ich dem *Huichungong* zu verdanken habe: Bevor ich mit *Huichungong* anfing, konnte ich mich nicht aus der Hocke ohne Weiteres aufrichten. Ich musste zuerst den Rücken massieren und warten, bis die Schmerzen abklangen. Es dauerte ein bis zwei Minuten, bis ich einen Schritt nach vorne machen konnte. Seitdem ich mich mit *Huichungong* beschäftige, genieße ich flotte, sichere und flinke Schritte. Außerdem habe ich eine für mein Alter ungewöhnliche Ausdauerleistungsfähigkeit.

B: Dass kann ich und auch jeder, der Sie kennengelernt hat, bestätigen. Ich danke Ihnen ganz herzlich für das informative Gespräch.

Das Interview wurde geführt und übersetzt von Bing Luo-Eichhorn (22. Generation *Huichungong* und Meisterschülerin von Frau *Mok*)

Biografie von Frau *Mok Chong Meng* (*Mok Zhuang Ming*)

Geboren am 3.11.1938 in Malaysia. Bis 1964 Magisterstudium in Geschichte an der *Nanyang* Universität Singapur. Arbeitete von 1965 bis 1967 in Montreal (Kanada) als Modedesignerin und war von 1971 bis 1978 Lehrerin für Sport und Chinesisch an einem Gymnasium in Singapur. Sie ist Nachfolgerin in der 21. Generation des *Huichungong* und Cheftrainerin des *Huashan-Huichungong*-Zentrums in Singapur. Daneben ist sie seit 1991 zertifizierte *Taijiquan*-Lehrerin.

Auch von
Lotus-Press

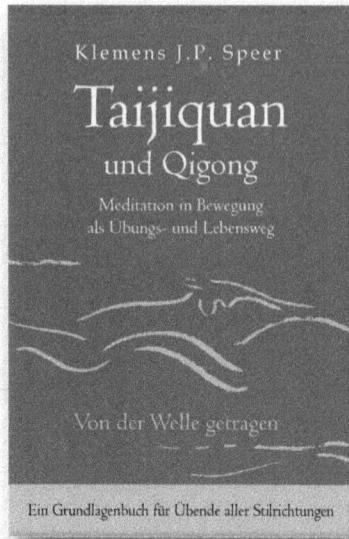

Klemens J.P. Speer

Taijiquan und Qigong - Meditation in Bewegung als Übungs- und Lebensweg

Von der Welle getragen - ein Grundlagenbuch für Übende aller Stilrichtungen

Taiji (Taijiquan und Qigong) als Übungsweg führt über Körpertraining und Energiewahrnehmung hinaus zur Erfahrung des Einsseins mit dem Dao. Die Wahrnehmung von Körper, Energie und Geist fallen in dieser Erfahrung der Wirklichkeit in Eins zusammen. Dieses Grundlagenbuch vermittelt auf dem Fundament der daoistischen Tradition ein modernes Verständnis, wie Menschen im 21. Jahrhundert Taiji für ihre eigene Entwicklung nutzen können und gibt Hinweise, wie Taijiquan und Qigong so geübt werden können, das diese Ebene der Allverbundenheit erfahrbar wird und das Leben verwandelt. Wichtige Basisfragen wie die Rolle von Musik, das Energieverständnis, die innere und äußere Erfahrungswelt der Haltungs- und Bewegungsprinzipien beim Üben und deren Wirkungen werden geklärt.

Joachim Stuhlmacher

Die Medizin des Dao, Band 1: Das Herz der Chinesischen Medizin

Die Chinesische Medizin mit ihrer über 6000 Jahre alten Geschichte hat einen grundlegend anderen Denkansatz als unsere "westliche Medizin". Auch die heute allgemein bekannte "TCM" (Traditionelle Chinesische Medizin) ist das Ergebnis eines Versuches aus den 1950er Jahren, die östliche Medizin an den Westen anzupassen. Thema dieses Buches ist die ursprüngliche, klassische chinesische Medizin (KCM), wie sie in der Han-Zeit in China geprägt und gelehrt wurde. Die klassische Art der Behandlung folgte immer der Idee des Eingebunden-Seins in die Natur, den Kosmos, das Dao. Dieser fremdartig anmutende Ansatz ermöglicht oft einen Zugang zur eigenen Genesung und Heilung, der weitaus effektiver als in anderen Medizinrichtungen ist. Im vorliegenden Band ist das Herz, die Essenz dieser alten Medizin, in Theorie und Praxis beschrieben.

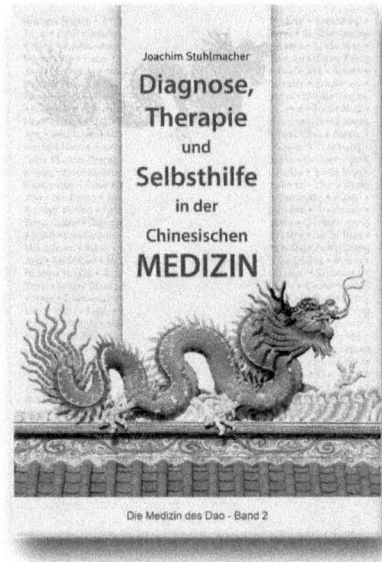

Joachim Stuhlmacher

Die Medizin des Dao, Band 2: Diagnose, Therapie und Selbsthilfe in der Chinesischen Medizin

Die Chinesische Medizin - umfassend, praktisch anwendbar und anschaulich dargestellt.

Die Chinesische Medizin hat eine mehrere tausend Jahre alte Tradition. Das »Universale Gesetz von Yin und Yang«, die »Fünf Wandlungsphasen« oder das Konzept des »Qi« erwecken auch im Westen zunehmendes Interesse. Neben einer Einführung in die Geschichte und Philosophie werden die Heilkonzepte, Diagnosemethoden und Therapien eingehend beschrieben. Außerdem gibt es viele wertvolle Hinweise zur allgemeinen Lebensführung und zur Gesundheitsvorsorge. Praktische Tipps für einfache Anwendungen laden dazu ein, die Wirksamkeit der Chinesischen Medizin zuhause selbst zu erproben.

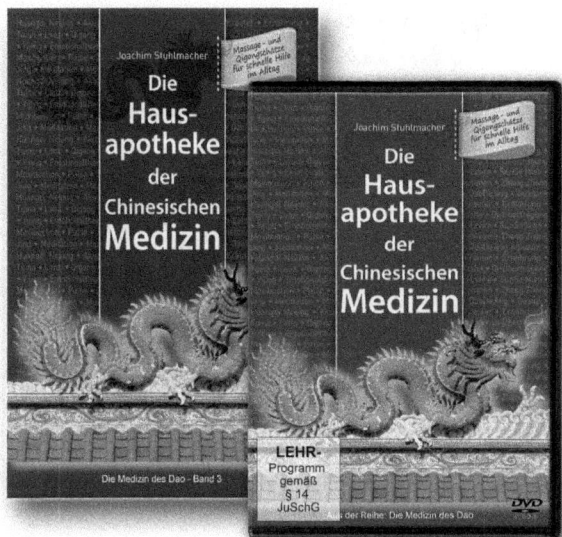

Joachim Stuhlmacher
Die Medizin des Dao, Band 3: Die Hausapotheke der Chinesischen Medizin

In der Klassischen Chinesischen Medizin wird großer Wert auf Selbsthilfemethoden gelegt, die der Patient eigenverantwortlich ausführen kann. Die Massagetechniken, Atemmethoden, Meditationen und Qigongübungen, die Sie in diesem Buch finden, entstammen den Traditionen berühmter Heiler und Dao-Meister und sind das Ergebnis aus Naturbeobachtung und Lebenserfahrung – weitergegeben über Generationen hinweg. Ein Register der Gesundheitsprobleme und Beschwerden hilft Ihnen dabei, schnell die richtige Übung zur Verbesserung Ihrer Gesundheit zu finden. Nutzen Sie das alte Wissen der Chinesen!

Auf der DVD werden alle Übungen des Buches anschaulich vom Autor erklärt und demonstriert.

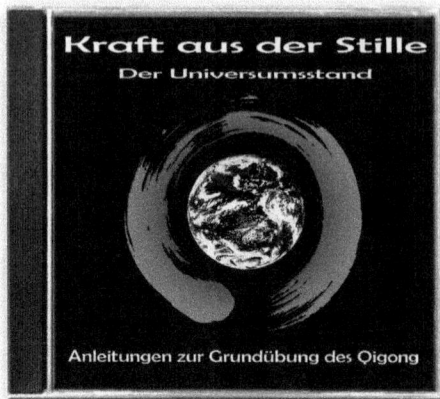

Joachim Stuhlmacher
Kraft aus der Stille - Der Universumsstand

Qigonglehrer Joachim Stuhlmacher leitet auf dieser Doppel-CD Variationen der Standmeditation, der grundlegenden Übung des Qigong, an. Wegen ihrer Einfachheit bieten sie viel Raum für innerkörperliche Erfahrungen: Blockaden erspüren, den Fluss des Blutes und des Qi wahrnehmen, den Geist zur Ruhe kommen lassen, sich selbst erfahren. Sowohl Einsteiger als auch Fortgeschrittene finden hier die richtigen Übungen zur konsequenten Verbesserung ihrer Gesundheit.

Tracks CD 1:
1. Der Universumsstand "Yin" (35:21 Min.)
2. Der Universumsstand "Yin instr." (35:21 Min.)

Tracks CD 2:
1. Der Universumsstand "Yang leicht" (21:37 Min.)
2. Der Universumsstand "Yang" (51:18 Min.)